Ina Parsons

Wie auf Wolken gehen

Viele Menschen leiden unter Haltungs- und Bewegungsschmerzen. Ina Parsons ist Bewegungstherapeutin und Heilpraktikerin in München. Für ihre Therapie und Haltungsschulung entwickelte sie eine eigene ganzkörperliche Methode. Sie unterweist die balancierte Haltung und den aufrechten Gang entsprechend angeborener neurophysiologischer Bewegungsgesetze.

Ina Parsons

Wie auf Wolken
gehen

Freude an befreiten Gelenken und
harmonischen Bewegungen

Die Deutsche Bibliothek verzeichnet diese Publikation
in der Deutschen Nationalbibliographie.

© 2016 Ina Parsons
D 80538 München

Umschlaggestaltung Peter Pich, München
Buchlayout und Bildbearbeitung Ina Parsons
Cartoon Leoni Pich

Herstellung und Verlag: BoD - Books on Demand, Norderstedt
Printed in Germany
ISBN 978-3-7431-8722-1

Dr. Bernhard Hofer gewidmet

Hinweis für den Leser

Falls Sie bestimmte Abbildungen wiederfinden oder bestimmte Übungen wiederholen möchten, wird Ihnen die Bildergalerie der Buchseiten 127 bis 140 hilfreich sein. Sie können sie unter den Kapitelüberschriften mit Angabe der Seitenzahlen auffinden.

Inhaltsverzeichnis

Kapitel
- 1 Gracilis **9**
- 2 Lebendiges Gehen **13**
- 3 Ja aber, wie gehen Menschen? **17**
- 4 Zuerst lernten wir, uns aufzurichten **21**
- 5 Wir sind Lernwunder **29**
- 6 Der Spielplatz **31**
- 7 Bewegungsmuffel oder Beweger **35**
- 8 Die Sinne beeinflussen die Körperbalance **41**
- 9 Faszination der körperlichen Bewusstheit **45**
- 10 Jetzt geht es los **49**
- 11 Was uns bewegt und hält **53**
- 12 Wir trainieren die Mittelachse **61**
- 13 Wir befreien die Hüftgelenke **65**
- 14 Kompetente Füße **69**
- 15 Bewegliche Säulen: Die Unterschenkel **77**
- 17 Das bewegte Becken **91**
- 18 Spirale **97**
- 19 Wie auf Wolken gehen **101**
- 20 Schwung des Schultergürtels **105**
- 21 Das elementare Muskel-Trio **113**
- 22 Wie Gehen geht **117**
- 23 Treppen steigen **123**
- Bildgalerie der Übungen **125**

1 Gracilis

Sie haben sich für eine interessante Beschäftigung mit sich selbst entschieden – mein Glückwunsch. Ist es Ihnen nicht ein wenig so, als hätten sich sich schon öfters gefragt, wie Sie denn die Ihnen weitgehend unbekannte Sprache Ihres Körpers besser verstehen können, statt ihn manchmal nur als recht unbequem zu empfinden?

Beginnen wir mit einer Überlegung: Wer oder was ist Gracilis? Ist es der Kosename eines grazilen, geschmeidigen Mädchens. Oder bezeichnet man eine hübsche Frau mit einem leichten Gang so, nach den drei Grazien, als Sinnbild für weibliche Anmut und Schönheit. Aber auch für einen körperlich gut gewachsenen jungen oder einen schlanken älteren Mann mit einem lässigen federnden Schritt kann das Attribut graziös-anmutig gelten.

Tatsächlich hat der Gracilis-Muskel – um ihn handelt es sich – sehr viel mit einem leichten, anmutigen und federnden Gang zu tun. Sie kennen ihn nicht? noch nicht. Geduld! Ihr Lernerfolg hängt von Ihrer Liebe und Ihrem Interesse für das Objekt ab, welches Sie selber sind. Konzentrieren Sie sich jeden Tag ein wenig auf sich, wie in

Sandro Botticelli
Die drei Grazien, um 1482
Ausschnitt aus Primavera
(Uffizien, Florenz)

den Ausführungen und Übungen vorgestellt. Ihr Gehirn wird Ihnen wunderschöne Bewegungskarten für Ihre weitere Lebensreise anlegen, die Ihnen den Weg auf angenehmste Weise zeigen, bis Sie **wie auf Wolken gehen** können.

Sagen Sie nie: Ich habe keine Zeit. Sie haben **immer** genug! Selbst das Trinken einer Tasse Kaffee oder Tee ist eine Übung, wenn Sie eine solche Handlung in einem sinnvollen Kontext sehen.

Der große Bewegungsmeister Moshe Feldenkrais hat einmal gesagt: *Ich habe einen Teil meines Gehirns darauf abgestellt, mich immer zu beobachten.* Dies sollte für uns ein Lehrsatz sein.

Und noch etwas: Schreiten Sie in dem Buch langsam voran. Wie beim Gehen setzen Sie immer einen Schritt vor den anderen. Sie können nicht durch einen Riesensprung das Ziel erreichen, sonst bleiben Sie sich selbst weiterhin ein unbekantes Wesen.

Zurück zum Gracilis-Muskel. Am Klang der Schritte auf der Straße kann man erkennen, ob jemand vorteilhaft, leichtfüßig und ohne Anstrengung geht, also seine Gracilis-Muskeln einsetzt oder nicht. Die meisten Menschen gehen mühsam, verbrauchen viel zu viel ihrer Körperenergie und belasten unnötigerweise die Gelenke durch mangelhaften Einsatz der Becken- und Beinmuskeln. Wen mag es wundern, dass Gehen so unpopulär geworden ist. Lieber rennen dann die Kräftigeren unter uns, oder die es wissen wollen, man joggt. Aber beobachtet man die "disziplinierten" Läufer, dann sieht die Balance und ihre unvorteilhafte Gelenkbelastung oftmals schlimm aus. Manche benutzen Tapes und Gelenkschutz statt zu lernen, die Gelenke richtig zu belasten.

Über mir wohnte einmal ein gut aussehender junger Manager. Es tat weh zu hören, wie er beim Gehen seine Fersen stets aggressiv traktierte, denn obwohl er nur Socken trug, vibrierte der Boden.

Der Gracilis-Muskel übt seine Aufgabe vornehmlich beim Abstoßen des Fußes während des Gehens aus (siehe den zurückgestellten Fuß der linken Grazie). Durch den Druck des Fußballens auf den Boden setzt sich lückenlos eine Muskelkette in Gang, und zwar bis hin zum Kopf. So werden die Haltemuskeln des Rumpfes erregt, das federnde Sprunggelenk zur Arbeit aufgefordert, um den Körper in Schwingung zu bringen, die Achillessehne geschmeidig gehalten. Das wirkt sich besonders erschütterungsfrei und wohltuend auf das Nervensystem im Rückenmark und Hirn aus. Wie wir den Gracilis-Muskel (Lage unten rot markiert) vorteilhaft einsetzen, werden wir zu einem späteren Zeitpunkt erarbeiten.

Manche Chirurgen betrachten den Gracilis-Muskel als unbedeutend; sie verwenden ihn gelegentlich zur Transplantation. Man mag es ihnen verzeihen, denn sie sind keine Bewegungsphysiologen. Auch die meisten Bewegungspädagogen, Therapeuten und Sportlehrer wissen nicht wirklich Bescheid über die ökonomische Fortbewegung des Menschen. So entstehen seltsame Publikationen zu anstrengenden sportlichen Übungen, werden teure kuriose Schuhe und Stöcke auf den Markt gebracht. Selten helfen sie, schmerzhaftes Gehen oder Laufen dauerhaft zu verbessern.

Es gibt drei fächerförmig angeordnete **Adduktoren**, die das Schambein mit dem großen Oberschenkelknochen verbinden. Sie haben die Aufgabe, das Bein zur Körperachse hinzuziehen; ihre Gegenspieler sind die wichtigen **Abduktoren**. Arbeiten beide Gruppen ausgewogen zusammen, stabilisieren sie  Hüft-, Knie- als auch Fußgelenke. Ferner unterstützen sie die Knie gegen Widerstand oder führen die gespreizten Beine wieder zusammen. Viele Gelenkprobleme entstehen meist deshalb, weil übermächtige Adduktoren Hüft- wie Kniegelenke zu stark nach innen ziehen und die Füße dadurch fehlbelasten.

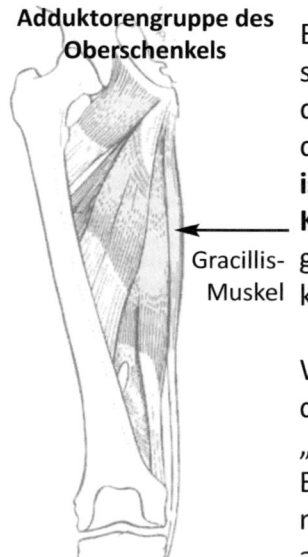

Adduktorengruppe des Oberschenkels

Gracillis-Muskel

Es ist der innerste der Adduktoren, der schlanke Schenkelmuskel *(Musculus gracilis)*, der vom inneren Teil des Schambeins über das Knie hinweg bis zum Schienbein zieht. **Er ist der längste und zentralste Beinmuskel zur Körperachse.** Er wirkt auf die Hüfte, das Kniegelenk – aber vor allem auf den Unterschenkel und Fuß in der Abstoßphase des Gehens.

Wenn der Muskel Gracilis verglichen zu anderen Beinmuskeln an Kraft auch nur ein „bescheidener" ist, so soll man seine enorme Bewegungsbedeutung während des Gehens nicht unterschätzen. Konzentrieren wir uns auf ihn, werden wir schnell bemerken, dass er ganz andere Muskelketten im Körper stimuliert, als wenn wir unsere Gehbewegung beispielsweise nur aus dem Knie heraus beginnen.

Wir werden später Gelegenheit haben, das Gesagte durch Übungen nachzuvollziehen.

2 Lebendiges Gehen

> Jedermann glaubt, Gehen sei etwas Natürliches, dennoch verstehen die meisten nicht, leichtfüßig im Sinne der Schöpfung und Evolution zu gehen. Daraus resultieren nicht nur vielerlei Probleme für die Gelenke, sondern auch innerkörperlich. Aber Sie haben beschlossen, Ihr Gehen vorteilhaft zu verändern. Das ist gut so!

Was ist Gehen? Es ist eine rhythmisch-schwingende Vorwärtsbewegung, sowohl beim langsamen oder gemäßigten Gehen in geschlossenen Räumen als auch beim gezielten, raschen Vorwärtsschreiten auf der Straße. Lebendiges Gehen ist harmonisch-fließend, kraftsparend und beschäftigt den ganzen Körper einschließlich aller Hirnfunktionen.

**Die Ferse des vorderen Beines berührt erst den Boden, wenn die Ferse des hinteren Beines den Körper, bei beidseits gestreckten Knien, nach vorne und auf die andere Becken-Standbein-Seite getrieben hat.
Die Arme schwingen als Balance *aus dem Schultergürtel* entgegengesetzt mit.**

Beobachten wir Mitmenschen auf der Straße oder im Park, müssen wir leider feststellen, dass die allerwenigsten sich frei, d. h. lebendig bewegen, dass kaum jemand rhythmisch-schwingend geht; manche Menschen wirken körperlich gar wie Roboter, ihr Rumpf wie ein starrer Schrank, ihre Bewegungen fallen als anstrengend auf.

Beschäftigen wir uns intensiver mit dem aufrechten Gang des Menschen, werden wir Faszinierendes entdecken. So erging es seinerzeit mir: Ich war überrascht festzustellen, welch ein Wunderwerk ich bin.

Als junger Mensch aus großer Höhe auf das Steißbein gestürzt, entwickelte ich eine schwere Rückgratverkrümmung und litt unter furchtbaren Schmerzen. Mit zwanzig konnte ich kaum noch gehen. Alle ärztlichen Bemühungen endeten mit der Aussicht, mit vierzig sitze ich im Rollstuhl. Das war eine Kampfansage für mich:

Seit über fünfzig Jahren beschäftige ich mich mit dem Phänomen des gehenden Menschen und musste zunächst alles selbst entdecken. Es gab keine Literatur, keine Feldenkrais-Methode, kein Yoga. Ich studierte nicht nur anatomische Bücher – sondern Vögel, Fische, Vierbeiner wie auch Babys und Kleinkinder in ihren Entwicklungen. Langsam wurde mir der schöpferische Plan der Bewegung klar. Ich lernte, meine Körperhaltung zu ändern.

Mit meiner therapeutischen Praxis für gute Haltung und Bewegung wollte ich mein Wissen weitergeben mit der Prämisse, wenn ein Patient nicht weiß, wie unökonomisch er mit seinem Körper umgeht, dann kann er auch nicht sinnvoll therapiert werden. Die Patienten lernten, mangelhafte Gewohnheitsmuster durch physiologische Bewegungen zu ersetzen und sich von Schmerzen zu befreien. Den bestehenden degenerativen Prozessen Einhalt gebieten, die Gelenkversorgung wieder positiv stimulieren, auf diese Weise vermeiden wir den Weg zur Operation.

Es ist erstaunlich, über welche Selbstheilungskräfte unser Organismus verfügt, wenn wir seinen inneren Rhythmus und seine Gesetzmäßigkeiten beobachten und unterstützen. Einseitiges sportliches

Muskeltraining verkürzt ohnehin schon verspannte Muskeln, der Druck auf die Gelenke erhöht sich.

Milliarden werden jährlich für sportliches Training und Wettkämpfe ausgegeben: diese sind sehr, sehr anstrengend und meist gesundheitsschädlich! Schon in der Schule werden gute Körperhaltung und leichtfüßiges Gehen nicht gelehrt! Bis jetzt hat noch niemand einen Wettbewerb für gesundes, fließendes Gehen ausgerufen: wäre sehr entspannend, gesundheitsfördernd und lustig.

Wenige Therapeuten, die gutes Gehen unterrichten, arbeiten meist im Verborgenen. Wohl gibt es hier und da Gangschulen, das sind Rehabilitationsinstitute für Amputierte, Schlaganfallgechädigte und Gelenkoperierte. Eine ganzkörperliche Gehschule für einen betroffenen Alltagsmenschen sucht man vergeblich.

Nicht der Gehstil des Einzelnen ist relevant, sondern in welchem Bezug orientieren sich seine Körperteile zueinander. Wo können wir die Bewegung und wo die Haltearbeit im Bewegungsablauf entdecken? Wie können wir die Bewegung harmonisieren?

Auf einem Wochenendseminar für männliche und weibliche Verkäufer wurden zu Beginn und am Ende Videoaufnahmen gemacht, um nach Abschluß den eigenen Fortschritt wie auch den der anderen Teilnehmer visuell zu vergleichen und zu beurteilen. Die Überraschung und die Begeisterung der Beteiligten war überwältigend: Welch selbstbewusste Persönlichkeiten schritten nun daher! Der Preis des Wettbewerbs war eine DVD des Seminars, um einen jeden zu motivieren, zu Hause bereits Erworbenes nicht wieder vergessend zu verlieren, sondern bewusst weiterzuschreiten.

Wenn wir vieles oder das meiste auch nicht wissen oder erkennen, gegenüber Tieren haben wir den Vorteil, uns beobachten und über Beobachtetes reflektieren zu können. Dann finden wir Alternativen. Wir lernen spielerisch mit unserem Körper umzugehen, wie mit einem Instrument. Erfahre ich Schmerzen, ist mein Instrument sicherlich verstimmt, oder ich höre nicht richtig auf den Klang meines Körpers. Was will er mir sagen? Man sollte niemals denken, dass wir an unserem Zustand nichts ändern können, was meist die allgemeine Annahme ist: Wir brauchen einen Arzt, und der weiß für gewöhnlich auch nicht richtig weiter.

Angebotene erfolglose Therapien, durch fehlgeleitete oder unzureichende Kassenleistungen, sind die Regel. Wir müssen wissen: Gehen ist eine rhythmisch-fließende Schwungbewegung, die einen entsprechenden Gegenschwung erforderlich macht. Bei mangelhaftem Einsatz der Gliedmaßen wird diese Schwungkraft abgebremst. Muskeln müssen dann eine erhöhte Balancearbeit leisten, auf die Gelenke wird vermehrt Körperdruck ausgeübt, das freie Gelenkspiel ist dann behindert. In diesem Fall geschieht die Gehbewegung ruckartig, ähnlich, wie wenn man beim Autofahren ständig Gas gibt und wieder abbremst, statt lediglich gleichmäßig dosiert Gas zu geben oder zu nehmen, wie es die Verkehrssituation erfordert.

Wenn Ihnen das Gesagte bis jetzt auch noch unverständlich erscheint, wird es Ihnen im Verlauf der folgenden Erklärungen und Übungen einsichtig. Also haben Sie Geduld und bleiben Sie dran.

Wer gut geht, wird gut laufen, wandern, klettern, sporteln oder tanzen können. Wer gut geht, ist wacher, aufmerksamer, intelligenter, erlebnisreicher, weil sich sein Körper in Balance und Harmonie befindet und die Sinne frei für optimale Aufnahme sind. Ferner ist man selbstbewusster und gibt ein gutes Erscheinungsbild ab. Wer vorteilhaft und öfters geht, stimuliert alle Hirnregionen, eine wichtige Voraussetzung gegen eine Demenz.

Es lohnt sich also, wenn Sie ein bisschen Interesse und Arbeit für sich selbst aufbringen. Wenn Sie nachfolgende Übungen ausführen, **seien Sie sich stets bewusst, dass Sie keine Gymnastik machen, sondern lernen möchten, Ihren Körper in seinen Bewegungen wahrzunehmen und sinnvoll zu steuern.**

3 Ja aber, wie gehen Menschen?

> Bis jetzt sind Sie motiviert, vielleicht auch neugieriger geworden. Aber auf Ihre Frage, wie gehen Menschen richtig, haben Sie noch keine Antwort erhalten. Gemach! Schauen Sie sich genau das Bild auf Seite 13 an und machen Sie sich Gedanken: Gehen Sie so? Vielleicht ist Ihnen schon klar, Ohne das Bewusstsein für den Körper erlebt man rein gar nichts, weder im Guten noch im Schlechten. Demzufolge ist der wichtigste Sinn der Wahrnehmungssinn. Den können Sie nun ein wenig schulen.

Wenn wir uns fortbewegen, denkt unser Körper nicht an Muskeln oder Knochen. Vielmehr lenken wir ihn durch unsere Absichten, durch unsere Gefühle. Ein trauriger Mensch wird anders gehen als ein heiterer, ein müder anders als ein ausgeruhter, ein verzweifelter anders als ein optimistischer. Kennen Sie so ein Gefühl? Denken wir an Fortbewegung mit den Beinen, kommt uns da leichtes „Gehen" in den Sinn? Es gibt viele Verben und Adjektive für die menschliche Fortbewegung. Wenn Sie möchten, nehmen Sie Papier und einen Stift, um Worte aufzuschreiben, die Ihnen spontan dazu einfallen.

> Betrachten Sie Ihre Worte nacheinander und stellen Sie sich zu jedem ein Individuum vor, das sich entsprechend charakteristisch fortbewegen würde. Vielleicht „erkennen" Sie dabei einen Nachbarn, einen Freund, Kollegen, Angehörigen oder sich selbst.

Dann vergleichen Sie Ihre Aufzeichnungen mit der nachstehenden Sammlung. Finden Sie eine Bewegungsform, die Ihnen nicht eingefallen ist oder haben Sie eine originelle Ergänzung gefunden?

Wir können gehen aber auch schreiten, schlendern, marschieren, wandern, promenieren oder spazieren. Wir können hüpfen, stelzen, stromern, schlurfen, tapsen, trippeln, stolzieren und latschen, wir können lustwandeln, trotten, trampeln, staksen, aber auch rasen, laufen, rennen, sprinten, joggen und spurten. Manche gehen abgehackt oder zielstrebig, bummelig, eilig, hastig, träge, zerstreut oder aufmerksam, andere abweisend, ausweichend oder rücksichtslos.

> Suchen Sie sich ein paar Möglichkeiten der Fortbewegungen heraus und versuchen Sie diese nachzuvollziehen; ahmen Sie also Menschen nach, die Sie sich vorgestellt haben. **Und wie klingen die einzelnen Gangweisen?**

♥ Indem Sie diese Übungen auf unterschiedliche Weise ausprobieren, erleben Sie gleichzeitig Ihren Körper. Während der Bewegungen erleben Sie, wie unterschiedlich sich das für Sie anfühlt, ob Sie nun dabei normal gehen, schlendern, stolzieren, latschen, trampeln oder trippeln.

> Nehmen Sie ein paar andere Worte mit auf Ihren nächsten Spaziergang wie stromern, marschieren, laufen, spurten, oder solche, die Sie bevorzugen.

♥ Wichtig ist, sich stets selbst zu beobachten, wie unterschiedlich Sie jeweils Ihren Körper bei den verschiedenen Bewegungen erfahren. Welche Muskeln und Körperstellen müssen sich mehr als gewohnt anstrengen oder können sich auch entspannen? Die ganzen Übungen sollen Ihnen beim Entdecken Ihres Körpers Spaß bereiten und in Staunen versetzen, aber nicht weh tun.

Solchermaßen körpersinnlich schon vorgeschult können Sie beginnen, Ihre Mitmenschen auf der Straße oder im Park zu betrachten. Stellen Sie zu Ihrer Überraschung fest, der geht gar nicht, nein der tapst, der trippelt, der schlurft, das ist ein Spurtiger, ein Hastiger, ein Schaukelnder, ein Rücksichtsloser, ein Bummler oder was immer.

♥ Ahmen Sie dann den einen oder anderen unauffällig in seiner Gangart nach, versuchen Sie, sich als der andere zu spüren. Stellen Sie fest, wie die Bewegung durch den ganzen Körper geht und vielerlei Muskeln aktiviert. Stellen Sie weiter fest, wie sehr sich wohl Ihr „Vorbild" anstrengen muss, respektive was könnte ihm wehtun, welchen Körperteil schont er? Vielleicht geht er aber auch viel schwungvoller als Sie selbst, und wie fühlt sich das für Sie an?

Probieren Sie immer wieder, die verschiedenen Möglichkeiten sich fortzubewegen, einige Minuten lang aus. Nur so können Sie mit der Zeit die Muskelarbeit Ihres Körpers spüren und erfahren lernen. Gehen Sie auch mit den Ohren, wie hören Sie Ihren Gehrhythmus?

Nach diesen Übungen wird Ihnen auffallen, wie unterschiedlich und meistens wie angestrengt Menschen „gehen", vielmehr sich auf die eine oder andere Art fortbewegen. Unter den vielen Fußgängern, die Sie ins Visier genommen haben, ist Ihnen da jemand aufgefallen, der wirklich leichtfüßig und beschwingt, der sehr schön geht?

Konnten Sie inzwischen herausfinden, wie **Sie** gehen? Meistens wissen wir es nicht. Deshalb bitten Sie vielleicht einen Nahestehenden, am besten mehrere, Sie beim Gehen zu beobachten, um Ihnen ein kritisches Feedback zu geben. Noch besser, jemand nimmt Sie mit einem Videogerät bei Ihrem normalen Vorwärtsgehen auf (von vorne und von hinten), dann können Sie sich gut selber studieren.

Fließendes, leichtfüßiges und rhythmisches Gehen des Paares im gleichschreitenden Pendelgang.

Haben Sie abschließend das Gefühl gewonnen, Sie könnten an Ihrer Gangweise etwas zu Ihrem Vorteil verbessern? Leiden Sie möglicherweise unter Beschwerden, wenn Sie länger gehen? Wer bei seinen Fortbewegungen nur Mühe erfährt, bewegt sich nicht vorteilhaft. Hat sich Ihr Körper in der Haltung schon nachteilig oder unschön verändert? So oder so, Ihr Organismus hat sicher mancherlei Mängel in den Strukturen aufgebaut.

Sie werden sich jetzt fragen: "Ja, aber was kann ich tun, um fließend und leicht zu gehen?"

Kleben Sie hier Ihre Fotos ein, wie Sie gehen und stehen.

4 Zuerst lernten wir, uns aufzurichten

> Neugeborene verfügen über genetisch vererbte Reflexe für Bewegungen. Mit zunehmendem Alter bleiben zwar diese Urreflexe in uns erhalten, werden aber durch willkürliche Bewegungen auf höheren Ebenen des Gehirns abgelöst. Somit entwickelten Sie sich gesetzmäßig und stetig zum aufrechten Gang, aber: darum und jetzt ganz bewusst!

Durch Reflexe ausgelöste ungezielte Eigenbewegungen in den ersten Wochen beginnt das Baby, seinen Körper wahrzunehmen. Später dienen sie dem körperlichen Wohlbehagen. Nicht nur durch Füttern, Tragen und Hygiene erfährt der Säugling seinen Körper, sondern auch durch die Arbeit der Organe. Allmählich erregen Bezugspersonen und Gegenstände Neugierde und spielerische Absichten. Alle seine Bewegungen wirken sehr harmonisch und fließend. Gleichzeitig werden Koordination der Sinnesorgane, vor allem der Gleichgewichts- und Muskelsinn des Babys geschult. Das Gehirn legt Musterkarten ganz besonders für Bewegungen an, die während weiterer Lebensprozesse auch wieder modifiziert werden können.

Streckentwicklung auf dem Bauch
In der Bauchlage versucht ein Baby zunächst sein Hinterhaupt zurückzuziehen, **um die Augen zum Horizont zu richten**; Damit schult und stimuliert es seine Streck- und Aufrichtemuskeln, ein Vorgang, der uns ein Leben lang erhalten bleibt, soweit wir darauf achten. Stellen Sie sich also vor, Sie werden sich bei den nachfolgenden Übungen wie ein Baby bewegen, also ohne Anstrengung, gerade so

viel wie schon geht, werden Ihnen Ihre Bewegungsabsichten leichter fallen, vor allem dann, wenn Sie schon unter leichten körperlichen Beeinträchtigungen leiden. (Abb. vorige Seite)

> **Übung:**
> Bauchlage, Beine gestreckt, Hände neben dem Kopf.
> **Während jeder Übung beim Einatmen Kopf heben, drehen und auf der anderen Seite beim Ausatmen hinlegen.**
> Jede Abfolge mehrere Male, anschließend ausruhen.
>
> 1. Nur ein wenig den Kopf heben (1. Bild), die Augen sind geschlossen.
> 2. Auf die Unterarme stützen (2. Bild), die Augen betrachten einen Halbkreis von links nach vorne und rechts - hin und her.
> 3. Auf die gestreckten Arme stützen (3. Bild), die Augen blicken geradeaus. Einmal den Kopf nach rechts und ablegen, einmal nach links und ablegen. Einige Male.

♥ Konnten Sie spüren, wie der Impuls den Kopf zu heben aus dem Hinterkopf erfolgt, dem Sitz des Sehzentrums, wenn sich die sehenden Augen zum Horizont, zum geradeaus Sehen ausrichten wollen?
Was geschieht, wenn verspannte Nackenmuskeln dieses verhindern? Viele Menschen haben verlernt, ihren Kopf richtig zu heben und zu drehen. **Beachten Sie** während des Übens auch die Muskelarbeit rechts und links entlang der Wirbelsäule (fühlen sich beide Seiten gleich an?). Nehmen Sie die leichte Stütze des Brustkorbs durch die Arme, sowie die Streckung der Beine vor allem im Hüftgelenk wahr.
Mit der Ausrichtung des Kopfes geht die Streckung des ganzen Organismus, der gesamten Wirbelsäule und damit die Entlastung der Bein- und Fußgelenke einher - unser Leben lang.

Merke: *Im embryonalen Zustand besteht der Occiput (der untere Teil des Hinterkopfes Abb. S. 104) aus Wirbelkörpern, ebenso das Kreuzbein mit dem Steißbein (S. 28 und 56). Somit müssen wir diese Bereiche als funktionelle Einheit der ganzen Wirbelsäule betrachten, was entscheidend ist für unsere aufrechte Körperhaltung.*

Übung im Stehen

Probieren Sie einige Male aus: Die Hände umfassen die Ellenbogen, die gebeugten Arme heben Sie über den Kopf Richtung Zimmerdecke. Ziehen Sie langsam den Hinterkopf zurück und schauen die Arme an.
Darauf wird das Kreuzbein reagieren und sich nach hinten bewegen, der Rücken geht in eine Streckung, was sich auch auf die Hüftgelenke, Knie und Sprunggelenke auswirkt.
Halten Sie die Spannung eine Weile aus. Kehren Sie dann in die entspannte Grundhaltung zurück.

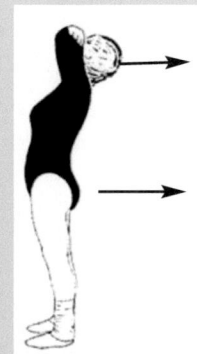

Voraussetzung für leichtfüßiges Gehen ist also die korrekte Kopfhaltung!!

Mit der Stütze auf eine Hand beginnt das Baby die seitliche Verlagerung des Körpergewichts, die Drehung der Wirbelsäule und sich um den Nabel zu kreisen. Bald ist es in der Lage, zu robben und zu krabbeln.

Übung in der Bauchlage:

Heben Sie gemeinsam mit dem Kopf einen gestreckten Arm. Spüren Sie die Verlagerung des Gewichts im unteren Rücken, im Becken, den Beinen, dem Stützarm und die Nackenarbeit.
Üben Sie einige Male je auf einer Seite, dann im langsamen Wechsel beide Seiten und achten Sie auf die Gewichtsverlagerung.

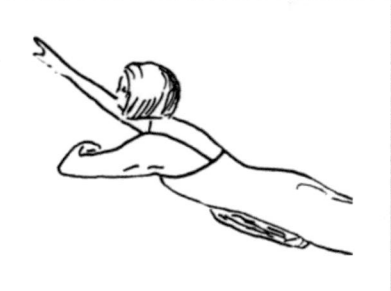

Merke: *Wer ein sehr starkes Hohlkreuz hat, sollte sich in der Taille unter den Bauch eine weiche Rolle legen.*

Übung in der Bauchlage: „Wie ein Baby" krabbeln.
Hände neben dem Kopf. Linkes Bein gestreckt, rechtes Knie neben dem Rumpf gebeugt. Der Kopf ist nach rechts gedreht. Während Sie beim Einatmen den Kopf heben, strecken Sie das gebeugte Bein. Drehen Sie den Kopf beim Ausatmen nach links, legen ihn ab, während Sie gleichzeitig das linke Bein anziehen. Mehrmals im Wechsel ausführen.

♥ Probieren Sie eine Weile zunächst die Koordinierung der Bewegung zu lernen. Achten Sie darauf, dass Sie das Kopfdrehen und den Beinwechsel gleichzeitig ausführen!
Ruhen Sie mit geschlossenen Augen aus. Versuchen Sie die seitenwechselnden Bewegungen einige Male **nur in Ihrer Vorstellung**.
Anschließend führen Sie die Übung so lange aus, bis sie Ihnen ganz leicht, rhythmisch und fließend gelingt. Wenn es nach einigem Üben immer noch schwierig ist, ruhen Sie zwischendurch aus. Wiederholen Sie die Übung in den nächsten Tagen. Die Übung wirkt sehr entspannend für die langen Rückenmuskeln.

Merke: *Der Vorgang des Wiederholens, Vergleichens* **und zwischendurch eine Pause einlegen** *sollten Sie für alle Übungen im Buch beherzigen. Sie werden umso schneller lernen. Nicht anders haben Sie als Baby oder Kind gelernt. Kinder kennen keinen Zeitbegriff.*

Der Bauch eine Drehscheibe. Durch die erworbenen Fähigkeiten zur Hand-Fuß-Stütze wird das Baby sich mit der Zeit an Möbeln hochziehen und das Aufstehen lernen.

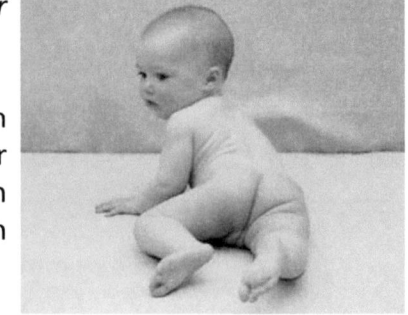

Das Sitzen wird vorbereitet.
Erst mit etwa drei Monaten ist der Säugling in der Lage, sich stabil und gerade auf dem Rücken zu halten. Ab dem vierten Monat unterstützt die Rückenlage die Arme und Beine während der Bewegungen. Nacken und Oberkörper sind gestreckt. Das Baby wird die Beine beugen, abspreizen und nach außen drehen. Das Sitzen wird vorbereitet. Mit der Zeit lernt es, seine  Oberschenkel zu betasten, die Füße in die Hände, dann in den Mund zu nehmen. Es verlagert sein Gewicht zum Kopf hin, dehnt die Lendenwirbelsäule. Erst wenn die Bauch- und Rückenmuskeln ausreichend kräftig sind, wenn das Baby die Zusammenarbeit von Kopf, Hand, Augen beherrscht, wird es sich über die Seite aufsetzen.

Übung in der Rückenlage:
1. Stellen Sie die Beine auf, hüftbreit auseinander. Rollen Sie **nur** den Kopf über die Wirbelsäule eine Zeit lang nach rechts und links (Gewichtsverlagerung). *Spüren Sie, wie sich die Wirbelsäule bis zum letzten Lendenwirbel bewegt (dreht)?*
2. Verschränken Sie nun die Hände unter dem Kopf, heben ihn damit ein wenig hoch. Rollen Sie mehrfach aus dieser Position den Oberkörper über die Wirbelsäule ein wenig nach rechts und links. Dann etwas ausruhen.
3. Heben Sie Ihre gebeugten Beine und umfassen Sie die Knie mit den Händen. Drehen Sie nun einige Male ein wenig Becken und Beine nach rechts und links. Dann etwas ausruhen.
4. Heben Sie die gebeugten Beine, mit den gefalteten Händen Ihren Kopf. Richten Sie Knie und Ellenbogen in einer Linie aus. Öfters den Körper nach rechts und links schaukeln: *Ein koordinierendes Balancetraining für Bauch- und Rückenmuskeln.*

♥ Üben Sie leicht und fließend. Versuchen Sie Ihre Balance zu halten, ohne seitlich umzufallen. Stellen Sie sich vor, Sie sind eine Puppenwiege. Indem Sie darauf achten, dass Ellbogen und Kniegelenke sich auf einer Linie befinden, bilden Sie die Seitwände der Wiege (Sie sind keine Gummiwiege!). Becken und Schultergürtel sind die Kufen. Sie schaukeln sanft hin und her, damit die Puppe nicht herausfällt.

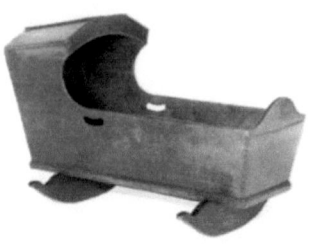

Merke: *Das Rollen über der Wirbelsäule wirkt sehr entspannend bei schmerzenden Rückenmuskeln, besonderes, wenn jemand einen krummen Rücken hat oder tagsüber durch viel Sitzen oder Stehen die Muskeln sehr ermüdet sind. Die Übung kann immer mal am Tag eingeschoben werden, besonders bei vielen sitzenden Tätigkeiten. Benutzen Sie ein Handtuch oder eine kleine Decke auf dem Boden.*

Laufen braucht die Spiralentwicklung
Mit der ständigen Gewichtsverlagerung zu beiden Seiten, dem Herumrollen von der Bauch- in die Rückenlage und umgekehrt, mit der seitlichen Arm- und Beinstütze beim Spielen und späteren Sitzen, übt das Baby die Spiraldrehungen. Diese sind eine unabdingbare Voraussetzung für das spätere Gehen und alle körperlichen Bewegungen und Verrichtungen.

  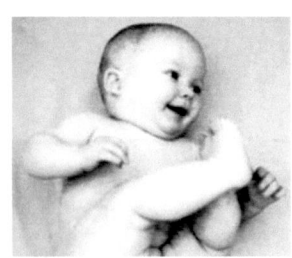

Die wichtigsten Drehmomente für unseren Organismus sind bewegliche Hüftgelenke und flexible Wirbelgelenke der mittleren Wirbelsäule. Viele Menschen verlieren im Laufe des Lebens deren Kompetenz.

Ganzkörperübung (siehe untenstehende Bildbeispiele)

1. Sie liegen auf dem Rücken und stellen das rechte Bein auf, das linke bleibt gestreckt. Legen Sie den linken Arm ebenfalls gestreckt neben den Kopf (Drehachse). Stoßen Sie sich leicht mit dem rechten Fuß vom Boden ab, rollen Sie in die Bauchlage. Der rechte Arm und das rechte Bein strecken sich.

2. Aus der Bauchlage heben Sie den Kopf ein wenig an und schieben ihn über die rechte Schulter nach hinten. Drehen Sie den Hinterkopf nach links und lassen die Wirbelsäule und das Becken folgen, bis Sie wieder auf dem Rücken liegen. *Beachten Sie: das linke Bein beugt sich ganz von selbst.*

3. Üben Sie einige Male erst auf der einen Körperseite, dann auf der anderen.

4. Abschließend versuchen sie ohne Unterbrechung fließend vom Rücken rechts auf den Bauch, zurück auf den Rücken und links auf den Bauch, hin- und herzurollen. Dreh- und Rollbewegungen wirken stimulierend und harmonisierend auf das Zentralnervensystem.

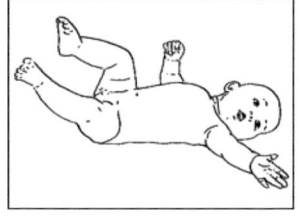 zu Übung 1)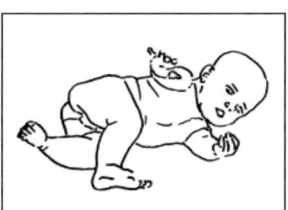

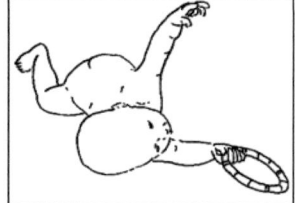 zu Übung 2)

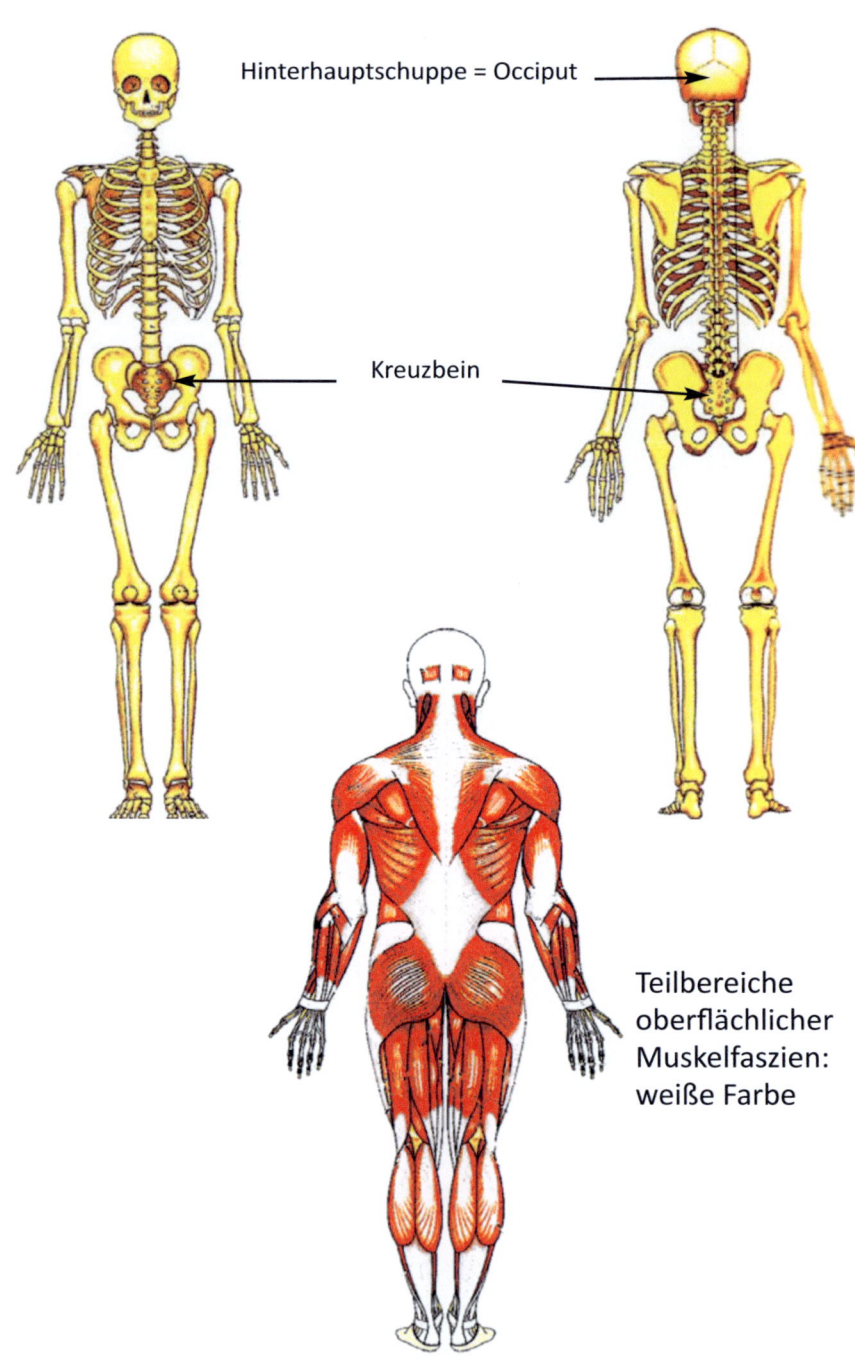

5 Wir sind Lernwunder

> Laufen hat ein kleines Kind nicht von einem Tag auf den anderen gelernt. Nicht anders verhält es sich im Leben, wenn wir unsere Gangweise allmählich verändern. Es ist nicht wichtig, ob einer schneller oder langsamer vorangeht, solange wir nicht die Wahrnehmung vernachlässigen. Vertrauen Sie auf sich. Wir Menschen sind Lernwunder und bleiben es bis ins hohe Alter, wenn dann freilich das Lernen auch ein wenig langsamer vonstatten geht.

Nun ist es leider so, wir lernen nicht nur Sinnvolles in unserem Leben, sondern ebenso unvorteilhafte Bewegungsmuster durch dumme Angewohnheiten, durch Dauerbelastungen, wie bei der Arbeit, beim Autofahren oder Sport, oftmals durch Unfälle oder durch Schmerzen sich entwickelnde Schonhaltungen. Bedauerlicherweise bleiben uns diese Vorgänge unbewusst. Aber alles würde viel besser gehen, wenn wir mehr gingen und dies öfters mal bewusst.

Fühlen wir uns gesund, drückt sich dies durch unser dynamisches Gleichgewicht in Körper und Gemüt aus. Es ist ein Zustand der Leichtigkeit, der unserem Organismus erlaubt, auf feinste und kraftvollste Weise zu funktionieren. Geist und emotionale Wünsche steuern ihn entsprechend unseren Bedürfnissen und in Relation, was unsere Mitmenschen oder die Umwelt anfordern. Sind wir belastbar, kommunikativ, aufmerksam, heiter, wird uns auch Unerwartetes gelingen.

Als Menschen sind wir fähig unsere Handlungen zu planen. Dabei hilft uns das Nervensystem, die Motorik zielgerichtet für ihre Erfüllung einzusetzen. Aber dann geschieht im Großen wie im Kleinen etwas Wunderbares: Wir können unsere Bewegungen und Absichten unterbrechen, korrigieren und in andere vorteilhaftere überführen. Das Gehirn ist fähig, Erfolg und Misserfolg unserer Bemühungen zu messen, zu analysieren, zu korrigieren. Wenn wir uns bewusst darauf einlassen, werden wir den optimalen Weg einschlagen.

Erneute Versuche und Wiederholungen
sind die Voraussetzungen allen effizienten Lernens.

Große Anstrengungen verkrampfen und behindern uns, wir übersehen dabei das Wesentliche. Wer durch falschen Ehrgeiz immer schneller, höher, kraftvoller sein will, erliegt meist einem zerstörerischen Einfluss, weil die feinen Unterschiede nicht gefühlt werden.

Die Fähigkeit, stets zu lernen, ist deshalb ein Weg, unvorteilhafte und beschwerliche Körpermuster so lange zu variieren, bis sie angenehm werden. Es ist gar nicht so unmöglich, wie es zunächst scheint. Wer schon mein Buch *„Sinn und Sinnlichkeit der Bewegung"* kennt und damit gearbeitet hat, konnte sich bereits viele vorteilhafte Bewegungen aneignen. Sie können zu einer aufrechten und beschwerdefreien Haltung führen und das Gehen erleichtern, doch das leichtfüßige Gehen ist dadurch noch nicht unbedingt verstanden.

Alles was Sie zunächst benötigen, um dies zu erlernen, ist lediglich eine gewisse Neugierde auf sich selbst, vom Wunsch begleitet, sich zu einer vorteilhafteren Gangweise verändern zu wollen. Vielfach können Sie sogar erreichen, sich rasch schmerzfrei zu bewegen. Nicht nur das. Ein schöner Gang ist auch Ausdruck Ihrer Persönlichkeit. Und wer möchte nicht eine gute Erscheinung sein, eine gute Figur machen. Es wird Ihnen gelingen durch Selbstbeobachtung und ein paar Techniken, die Sie hier durch die Gehschule erlernen können. Erstaunlicherweise sind es vor allem junge Männer, die gerne am Ausdruck ihrer Körpererscheinung arbeiten wollen, um einen leichten souveränen Gang zu erreichen.

Wenn wir kleinen Kindern bei ihren Versuchen zuschauen, werden wir bemerken, nicht der Ehrgeiz treibt sie an, sondern der Wunsch, ihre Geschicklichkeit zu erproben, die Materie zu beherrschen.

Lassen wir uns deshalb zum besseren Verständnis kurz auf die Entwicklungsschritte eines Kindes ein, weil wir alle diese bereits in unseren Hirnkarten für Bewegungsmuster integriert haben und immer wieder darauf zurückgreifen können.

6 Der Spielplatz

Die nächsten Schritte wären die, Ihre Spaziergänge zu Spielplätzen zu lenken, denn diese Orte sind eine vorzügliche Fundgrube für weitere Lerneinheiten. Sind Sie nicht gerade Eltern oder Großeltern kleiner Enkel, werden Sie kaum Möglichkeiten haben, Kinder bei ihren motorischen Versuchen zu beobachten.

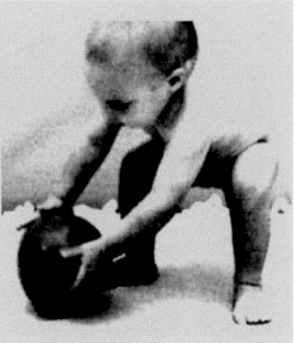

Nehmen Sie sich Zeit und haben Sie Geduld, Kindern zuzusehen, vor allem bei den kleinen, denn ihnen gehört die unendliche Zeit. Dabei werden Sie sehr schnell unterschiedliche Charaktere entdecken:
- Kinder, die konzentriert und versunken spielen.
- Andere die sehr motorisch wirken und sich oft auf unterschiedliche Weise bewegen.
- Es gibt solche, die intensiv beobachten;
- und solche, die beobachten, um nachzuahmen.
- Sie entdecken kommunikative Kinder;
- wie andere, die sehr ängstlich sind.

Je nach Alter wird jedes Kind auf andere Weise sich bewegen oder interagieren. Trotzdem werden Sie bei längerem Hinsehen Gemeinsamkeiten entdecken: **Wie richtet sich das Kind auf**, wie läuft es, wie dreht es sich? Sehen Sie im Bild oben, wie das Kind den Oberkörper über das rechte Hüftgelenk dreht, wie die Sprunggelenke zur Basis der Knie werden.

Babies und Kleinkinder lernen sich aufrichten, drehen und bücken, zu stehen, zu gehen, zu hüpfen, zu springen, zu klettern, zu rennen und vieles

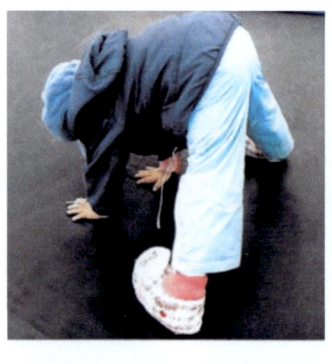
mehr. Dies alles auf ganz leichte Weise, d. h. kraftvoll ohne Anstrengung. Auch geschieht dies alles zeitgemäß, sobald sich die Muskulatur dazu entwickelt hat.

Bereits als Baby und Kleinkind haben wir jegliche Art von Bewegung aus uns selbst heraus gelernt, kaum jemand hat uns dazu etwas gezeigt. Dafür dienen Neugeborenen genetisch vererbte Bewegungsautomatismen. Es trainiert seine Kopfhaltung, programmiert den zweifüßigen Gang durch das Krabbeln und richtet sich eigenständig auf. Anfangs werden bei den ersten Gehversuchen die Fersen nicht aktiviert, sondern der Fuß flach aufgesetzt, oder das Baby bewegt sich auf den Ballen vorwärts. Die Bewegung erfolgt aus einer Beckendrehung. Das Treppensteigen wird zunächst durch Krabbeln, dann in der Aufrichtung durch den Nachstellschritt bewältigt. Mit den höher entwickelten Körperbewegungen wird das Kind auch die Sprache entfalten, denn zu beidem benötigt es die Kontrolle der Atmung.

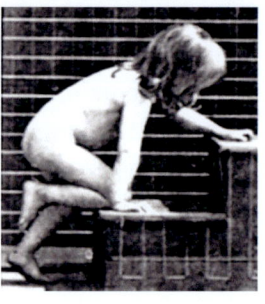

Alle diese Grundbewegungsmuster sind in unseren Hirnkarten vorhanden. Wir brauchen nur wieder bewusst an sie anzuknüpfen.

Bis zum siebten Lebensjahr sind die primären Bewegungen in der Entwicklung abgeschlossen. Zeigen sich bei Kindern im Entwicklungsalter unharmonische Bewegungsmuster: beispielsweise innen- oder außengedrehte Füße, hängende Schultern, eingesunkener Brustkorb, Rückgratkrümmungen, nicht eingesetzter Pendelgang beim Gehen, Sprech- und Atemstörungen, sollte ein guter Kindertherapeut für Bewegungen aufgesucht werden.

Kinder beobachten und machen nach. Auch als Erwachsene imitieren wir den anderen oft mehr, als wir glauben. Wir sind und bleiben in einer Person meist Entdecker und Nachahmer unser ganzes Leben lang. Dafür ist unser Nervensystem von der Schöpfung angelegt.

Das Gehirn ist bereit, mit Aufmerksamkeit immer Neues zu erlernen. Je besser die motorischen Reize und Aktivitäten, desto vorzüglicher die späteren geistigen Leistungen. Doch wer behauptet, dass wir im höheren Alter die Beweglichkeit des eigenen Körpers nicht erhalten können, ist ein Dummkopf.

Lassen Sie deshalb die Leichtigkeit kindlicher Bewegungen auf sich wirken, denn proportional zur Körpergröße bräuchten wir auch nicht mehr Energie als ein Kind. Haben Sie schon einmal zugesehen, wie ein Kind eine Bewegung beginnt, z. B. wenn es sich aufrichtet?

Sollten Sie es noch nicht erkennen, erfolgen Erklärung und Übungen dazu im späteren Teil des Buches. Je früher Sie aber jetzt schon sinnlich und in der Vorstellung etwas mit Ihrem Körper verstehen, desto leichter werden Ihnen zukünftige Versuche gelingen.

Schauen wir kleinen Kindern beim Lernen zu, werden wir schnell bemerken, nicht der Ehrgeiz treibt sie an, sondern der Wunsch, ihre Geschicklichkeit zu erproben, sich und die Materie zu beherrschen – und dies durch wiederholendes Ausprobieren.

Gewagter und konzentrierter Sprung mit sportlichem Abgang.

Türrahmen sind eine Herausforderung

auf sicheren Füßen

Auf dem Trampolin:
Die größeren Schwestern springen, der kleine Bruder macht nach.

Klettern, Balancieren und Hangeln
eine herrliche Sache.

7 Bewegungsmuffel oder Beweger

> Was sind Sie, ein Muffel? Man kann niemand als solchen bezeichnen, der keine Neigung hat, sich in öffentlichen Schwimmbädern zu tummeln, in den Bergen zu kraxeln, am Marathonlauf teilzunehmen, mit dem Fahrrad zu rasen oder sich in Fitness-Studios abzuquälen.

Jeder Mensch hat ein anderes angeborenes Naturell und Temperament und somit auch ein individuelles Bedürfnis, sich zu bewegen. Daraus ergibt sich:

Der eine Mensch ist langsam, eher etwas träge, entsprechend sind seine Tätigkeiten. Ein anderer dagegen ist quirlig, von schneller Auffassung und Entscheidungskraft. Wieder andere sind ehrgeizig, ihre Handlungen sind vom Tatendrang besessen, sind stressbetont und die körperlichen Bewegungen zu kraftaufwendig. Deshalb lieben viele von ihnen den anstrengenden Leistungssport. Nicht die schöne Landschaft verlockt, sondern die Kilometerzahl, die man in kürzester Zeit bewältigt.

Hingegen waren und sind große Denker, Komponisten und Künstler auch gute und leidenschaftliche Geher, Wanderer und Spaziergänger. Gehen regt die Gedanken an und stimuliert alle Hirnleistungen, und somit konzipieren solche Menschen ihre Werke während eines ausholenden Gangs in der frischen Luft.

Das sind nur schemenhafte Skizzen menschlicher Naturelle, denn die meisten sind Mischtypen und sie weisen unterschiedliche individuelle und charakterliche Entwicklungen vor.

Wer aber ist dann ein Bewegungsmuffel? Als einen solchen kann man wohl einen Menschen ansehen, der aus Faulheit sinnlich nicht begreifen kann oder will, dass er ein geniales und lebendiges Wesen der Bewegung ist. Er ist sich nicht bewusst, dass er mehr Hirnanlagen und Fähigkeiten besitzt als irgendein anderes Lebewesen auf dieser Welt, um sein Leben vorteilhaft und interessant zu gestalten und zu meistern.

Mit allen Sinnen erleben, Gefühle wahrnehmen, sowie bereit sein für mitmenschliches Engagement: das heißt Aufmerksamkeit für den anderen aufbringen, rühren ständig den Geist und schulen ihn. Es macht uns lebendig und beweglich, innerlich wie äußerlich. Die Fantasie wird sich regen, die dann Wege zum Lösen von Alltagsproblemen sucht.

Gehen und sich bewegen ist das wichtigste Element des menschlichen Organismus. Moderne Techniken sind zwar hilfreich, erziehen uns aber auch zu einer gewissen Bequemlichkeit und somit zu einseitigen Bewegungsabläufen.

Wie wir alle schon beobachtet haben, erfahren viele von uns Bewegung als anstrengend und mühsam, weil offensichtlich niemand uns gelehrt hat, wie ökonomisch und leicht man sich bewegen kann, um sich darüber hinaus auch noch daran zu erfreuen. Seinerzeit entdeckten die Urvölker ihre leichten, fließenden und rhythmischen Bewegungen. Dies könnte auch heute noch für uns gelten, besonders für die alltäglichen Verrichtungen, bei denen wir uns wunderbar selber beobachten können.

Doch die meisten sind Gefangene unguter, im Laufe des Lebens erworbener Bewegungsmuster, die so fest in der Haltung verankert sind, dass man glaubt, sie nicht anders ausführen zu können. Das eben stimmt so nicht! Von diesen Gedanken müssen wir uns befreien. Denn unser Nerven-Sinnes-Bewegungs- und Balance-System ist darauf geeicht, sofort das Verhalten zu ändern, wenn wir es nur „befehlen" oder wir es gezwungenermaßen tun müssen, z. B. in brenzligen Situationen oder nach einem Unfall. Voraussetzung sind allerdings freie Muskeln und kompetente Gelenke.

So bekommt man oft zu hören, *„weil mein Knie schmerzt, kann ich nicht gehen":* Statt zu lernen, so zu gehen, dass das Knie nicht schmerzt. Denn in den allermeisten Fällen werden Schmerzen ausgelöst, weil alle Strukturen, die zum Kniegelenk führen, in falscher Position fixiert sind, da die Belastungsachsen des Körpers nicht stimmen. Mit der Zeit degenerieren Gelenke und Strukturen.

Akzeptieren wir deshalb zuerst einmal den Bewegungsschmerz als unseren Freund, der uns nur darauf aufmerksam machen will, wie ungut wir unseren Körper behandeln. Schauen wir deshalb weiter: Ja, wie gehen Sie denn?

Kleben Sie hier Schnappschüsse von sich selber ein, um sie später mit neuen Fotos zu vergleichen:

Ein unrhythmischer Gang und schlechte Gewohnheiten bestimmen die Struktur des Körpers.

 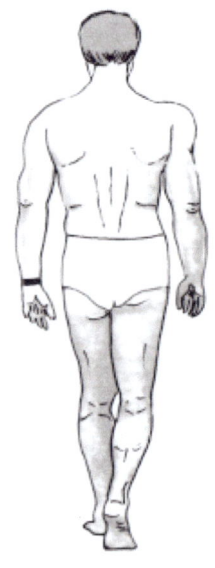 

links: fixiertes Hüftgelenk
mittig: starrer Rumpf
rechts: dazu noch Schulterhochstand

Die Herren gehen aus den Knien. Schultergürtel und Becken können nicht gegenläufig rotieren. Der Rumpf bleibt starr. Diese Haltung wird auch bei vielen Tätigkeiten beibehalten (wie z. B. am Computer). Muskeln müssen anstrengende Haltearbeiten verrichten.

links: Paßgang, d. h. beide Gliedmaßen einer Körperseite werden gleichzeitig eingesetzt. Der Rumpf muss schwerste Hebe- und Haltearbeit leisten, alle Gelenke sind belastet.
mittig: Gewohnheitshaltung impliziert eine vorzeitige Hüft- und Kniegelenkabnutzung und Rückenweh.
rechts: Starrer Rumpf, unbewegliches und fixiertes Becken. Knie und Füße werden durch das unbewegliche Hüftgelenk extrem belastet.

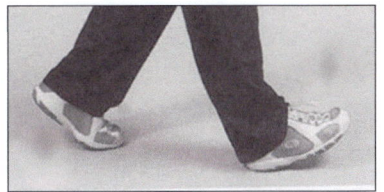

gute Fußarbeit während des Gehens

Wie der Vater, so der Sohn. Der kleine Mann beherrscht schon frühzeitig den Pendelgang ganz gut.

Bei dem kleinen Mädchen kann man auf dem Foto wunderbar den Pendelgang erkennen. Der rechte Stoßfuß verlagert das Körpergewicht von der rechten Beinseite auf die linke.

Das Becken dreht sich, die linke Schulterseite macht die Konterbewegung und garantiert die aufrechte Körperbalance. Der gerade aufgerichtete Kopf veranlasst die Wirbelsäule sich zu strecken, damit das Körpergewicht oben getragen werden kann.

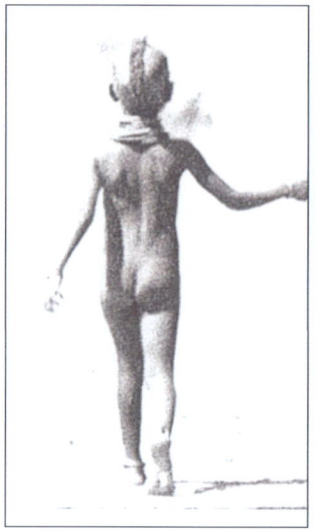
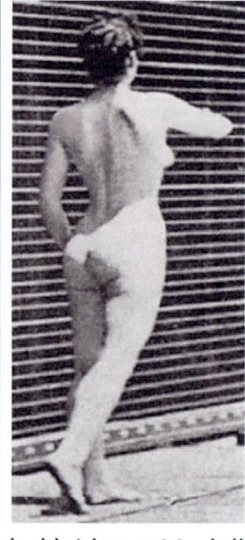

Am unbekleideten Modell kann man sehr schön die gegenläufige Drehbewegung von Schulter und Becken beim Gehen erkennen...

... ebenso beim bekleideten Herrn.

Vom Scheitel bis zur Sohle: ein excellenter leichter Gang, Mitte und rechts.

8 Die Sinne beeinflussen die Körperbalance

> Je vielfältiger sich ein Kind oder ein junger Mensch bewegt, desto komplexer werden die Bewegungskarten im Gehirn angelegt, desto leichter wird es im fortgeschrittenen Alter gelingen, neue motorische Abläufe zu erlernen. Aber wie immer: für Sie ist es nie zu spät!

Menschen brauchen, um sich täglich handelnd zu behaupten, ein Mindestmaß an koordinierenden Fähigkeiten. Koordinieren Sie Ihre Wünsche, Pflichten und Zielsetzungen zu einem für Sie vorteilhaften Gesamtplan, dann werden Sie die notwendigen Handlungsabläufe geordnet und harmonisch durch entspannte Bewegungen in Einklang bringen. Dies wird mit dem geringsten Zeit- und Kraftaufwand geschehen. Gutes Koordinieren der Bewegungen – wir benötigen es vor allem beim Gehen – sollten wir zeitlebens beherrschen.

Einmal gelernte Koordinationsabläufe können wir weitgehend verlernen, dann nämlich, wenn sie nicht mehr abgerufen oder benötigt werden (wie Klavierspielen); ebenso können wir sie auch durch Notwendigkeit (beispielsweise nach einer Krankheit oder einem Unfall) oder zum Besseren hin umlernen und ablösen. Keine Erfahrung erlangen wir jedoch ohne Motivation. Unser Ziel ist ja, gesund und mobil zu bleiben bis ins hohe Alter: das macht das Leben erst wertvoll.

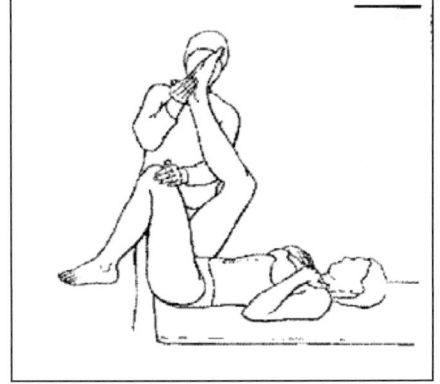

Körper und Geist beeinflussen und steuern sich gegenseitig durch Regelmechanismen. Verlieren wir durch Verletzungen körperliche Funktionen, versucht das Gehirn fehlende Fähigkeiten im Sinne der Erhaltung seines Gesamtorganismus zu kompensieren. Es passt sie den veränderten körperlichen

Gegebenheiten an. Sind die Schäden schwerwiegend, wie bei Lähmungen, ist allerdings der reizgebende Therapeut erforderlich, da der Betroffene sich selbst nicht stimulieren kann.

Interessant ist, dass das Gehirn Bewegungen entwerfen und somit vorausdenken kann, selbst wenn diese letzlich gar nicht ausgeführt werden. Wenn wir nur an eine Bewegung denken, entladen sich die Neuronen des Gehirns fast genauso, als würden wir sie tatsächlich ausführen. Wenden wir diese Erkenntnis therapeutisch an, werden Muskelschwund, Gelenksteifigkeit und Nervenverkümmerungen durch längere Immobilität vermieden. Organe und das Immunsystem organisieren sich leichter zur Heilung.

Wenn es möglich ist, wie man heute weiß, in Härtefällen Bewegungsmuster wieder zu verbessern, wie dann erst bei gesunden Menschen, selbst wenn ein Gelenk oder der Rücken schon schmerzen oder leichte degenerative Prozesse zeigen. Was wir anstreben müssen, ist wieder einen balancierten Körper während unserer Tätigkeiten zu erlangen.

Größtenteils nehmen wir auf unsere Sinne bewusst keinen Einfluss, obwohl wir es häufig könnten. Oft vergessen wir auf unsere Körpersignale zu achten, denn warum muss ich beim Gehen ständig auf den Boden schauen, als ob ich Geld suche, wenn ich doch meine Augen in die Welt schicken kann? Außerdem stimulieren wir mit unserem erhobenen Kopf bestens alle übrigen Gleichgewichtsorgane wie auch unser gutes Wohlbefinden.

Halten wir den Kopf ständig schief, was viele Menschen gewohnheitsgemäß tun, beeinträchtigt das die Sehfähigkeit, die Halteregulierung des Muskel- und Gelenksystems. Gleichgewichtszentren, vor allem des Innenohrs und Kleinhirns, müssen darauf reagieren. Auch Organarbeiten und vegetative Steuerungen werden irritiert.

Versuchen Sie einen Ihnen bekannten Weg mit geschlossenen Augen zu gehen, oder einmal auf einem Bein zu stehen. Wenn Sie Ihren Kopf stets nach links halten, kippen Sie ihn eine Zeit lang nach rechts und gehen Sie vorwärts. Sie merken sofort, wie schwer dies ist, wie sehr die Augen Ihnen helfen, Ihr Gleichgewicht auszutarieren. (Sicher werden Sie erst durch längeres Üben.)

Merken Sie, wie sich durch die Kopfhaltung Ihre körperliche Aufrichtung und die innerkörperliche Balance verändert? Probieren Sie all dieses zu Hause oder bei Ihrem nächsten Spaziergang aus!

Alle Sinne helfen uns, die Balance aufrechtzuerhalten, und dazu gehört der wichtige Sinn der Wahrnehmung, den man schulen kann. Ganz entscheidend aber ist auch – was niemand erwägt – die gute Atmung und ein gesunder Darm. Und wie steht es mit Ihren Gedanken?

> Sind Sie nun wütend, traurig oder heiter, wie verändert sich Ihre Atmung? Wie empfinden Sie dabei Ihren Körper? Spielen Sie die unterschiedlichen Stimmungen gedanklich durch. Achten Sie auf Ihre Muskelspannung, wie angestrengt empfinden Sie diese? Verwandelt sich Ihre Haltung, Ihre Körperbalance? Beobachten Sie genau Ihr Verhalten, die Anspannung Ihrer Hände, Ihre Mimik.
> Als nächstes studieren Sie Mitmenschen. Was sagt Ihnen deren Körperausdruck? Und was verrät Ihnen eine menschliche Stimme?

Beobachten Sie, so oft Sie können, kleine Kinder beim Spielen. Ihre Bewegungen erfolgen meist spontan und fließend, sie sind noch nicht durch erworbene Zwänge verkümmert.

Beobachten Sie: Wie oft wiederholt ein Kind seine Handlungen, versucht es diese immer wieder anders? Welches Sinnesorgan steuert im Augenblick das spielende oder beobachtende Kind? Geschieht es durch die Ohren (es hört etwas), durch die Augen (es will etwas nachmachen), durch seine Hände, oder weil es seine Balance korrigiert? Will es den Raum verändern, um woanders hinzugelangen, weil es etwas Neues entdeckt hat? Was hat das Kind motiviert?

In diesem Zusammenhang ist zu bedenken: Tugendhaft verhält sich unser Gehirn an sich nicht. Durch die Evolution ist es lediglich auf Anpassung programmiert: Versuche – Wiederholungen – Erfahrungen. Ein Irrtum wird korrigiert, ein neuer Versuch gestartet. Die beste Lösung wird im Gehirn abgespeichert. Auf diese Weise erwerben wir uns alle guten Fähigkeiten oder gewöhnen uns schlechte Eigenschaften ab, **durch bewusstes Lernen.**

Früher verfügten Menschen. durch ihre einfache alltägliche Lebensweise und ihre handwerklichen Tätigkeiten, meist über eine aufrechte Körperhaltung.

Mimik und Körperhaltung

9 Faszination der körperlichen Bewusstheit

> Ihren eigenen Körper nur als Leidensgenossen zu erleben, ist wirklich nicht erquicklich. Betroffene sind fasziniert zu erfahren, wie sie wieder Bewegungen schmerzfrei ausführen können, was ihnen gerade zuvor ganz unmöglich schien. Bewegungsabläufe gemäß der physiologischen Gesetze **bewusst wahrnehmen** wie auch kontrollieren lernen, um auf diese Weise Ihren inneren und äußeren Organimus zu schulen, wecken ganz neue Lebensimpulse.

Unsere weitläufigen wie vielseitigen Sinnesorgane sind mit zahlreichen Warnsystemen ausgestattet, ohne die wir nicht leben könnten. Sie sind älter als unser bewusstes Denken und stellen uns damit auf eine Stufe mit allen Lebewesen, vom niedrigen Wurm bis zum hochentwickelten Wal; wenn auch bei jedem Lebewesen, je nach Lebensart, die einzelnen Sinnesorgane anders entfaltet sind.

Menschen haben durch rationales Denken, durch kulturell veränderte Lebensweisen oder durch die Technik die feinen Fähigkeiten von Nase, Ohren, Augen und des natürlichen Bewegungssinns teilweise verloren. Anderseits hat sich unser Sinnessystem an schnelle Bild-, Hör- oder Bewegungsinformationen angepasst, denken wir nur an Computer, Filme, an Autofahren, an Skaten und Surfen. Unsere Sinne bleiben – für uns meist unbewusst – ständig aktiv und stimulieren die Anpassung unserer Hirnkarten.

Schlimm ist, wenn jemand durch einen Unfall den einen oder anderen Sinn verliert, wie es einer Freundin geschah. Sie stürzte im Eis auf den Hinterkopf und ihr Riechkolben riss ab. Fortan kann sie nichts mehr riechen, was nicht nur unangenehm, sondern auch gefährlich ist. Außerdem findet sie keinen Geschmack mehr am Essen, da sie die feinen Aromen nicht erfahren kann; die Freundin kann nur noch schmecken, was ihr die Zunge meldet: süß, salzig, sauer und bitter. Vielleicht können Sie sich an einen ähnlichen Zustand erinnern, wenn

Sie erkältet waren. Dann werden die verstopften Nebenhöhlen durch entzündliche Schleimhäute die Luft nicht zu den Riechnerven transportieren.

Über unseren kinästhetischen Sinn und die Haut nehmen wir Vibrationen, Erderschütterungen und Schwankungen des Bodens wahr. Das Vegetativum meldet mangelnden Sauerstoffgehalt der Luft, die Nase üble wie gefährliche Gerüche. Wir hören leise Geräusche, selbst im tiefen Schlaf. Der Gleichgewichtssinn reagiert mit Meldungen an das vegetative Nervensystem auf anhaltenden Lärm, Schreie, einen Knall – was abrupt den Herzschlag, die Atmung verändern kann. Es kommt zu Schweißausbrüchen, Zittern: Angst- und Fluchtreflexe werden auf den Plan gerufen. Die Augen kneifen sich zusammen oder werden aufgerissen, die Pupillengröße ändert sich, dies ebenso auf plötzliche Lichtveränderungen. Wir spüren einen wechselnden atmosphärische Druck. Verlieren wir ganz plötzlich die Balance, reagieren augenblicklich unsere Gleichgewichtszentren reflektorisch, vor allem das Rückenmark, dieses wieder zu regulieren, was uns erst verspätet bewusst wird. In einem solchen Fall wäre eine Information an die Gehirnrinde, die unsere Bewusstheit weckt, zu langsam; sie trifft dort erst mit einer Verzögerung ein.

Manchmal geschieht ein Sturz derartig unvermittelt, wie auf einer eisigen Fläche, dass selbst unsere Schutzreflexe zu langsam reagieren. Oftmals geschehen auch Verletzungen bei Balanceverlusten oder Überdehnungen deshalb, weil unser starres Muskelkorsett auf die Impulse der Reflexe nicht schnell genug reagieren kann. Schon aus diesem Grund ist es notwendig, über ein ständig bereites Bewegungssystem durch pflegliche Behandlung zu verfügen.

So blitzschnell auch unser Sinneswarnsystem reagiert, so „passiv" bleibt unser aktiver Bewegungsapparat. Er meldet nicht an, wenn wir eine schlechte Haltung einnehmen, den Rücken durch eine schlaffe Haltung krümmen, den Kopf schief halten, ständig ein Standbein bevorzugen, unsere Füße falsch einsetzen, unsere Hände – auch die Augen – verkrampft benutzen. Erst wenn die Strukturen überlastet sind, erfahren wir Warnschmerzen. Das kommt daher, weil unser aktives Bewegungssystem – dazu gehören Knochen, Bänder, Muskeln, Sehnen – unserem willentlichen Einfluss unterworfen sind. Der unbewusste Organismus versteht nicht, wann eine Bewegung, eine Position sinnvoll ist. Er führt aus, was wir von ihm verlangen respektive auch nicht. Konditionierte Gewohnheitsmuster oder augenblicklich gewollte Bewegungsabsichten steuern die Nerven stets auf die gleiche Weise, und dies ganzkörperlich.

Es ist eine wunderbare Einrichtung unseres Körpers und Nervensystems, dass wir von Geburt an wiederholende Handlungen und gelerntes Wissen konditionieren, um sie dann schnell und sinnvoll zum gegebenen Zeitpunkt abzurufen. Fatal wäre es, wenn wir bei jedem Schritt, bei jeder Handreichung, bei jeder heißen Herdplatte, beim Kreuzen der Fahrbahn uns erst wieder überlegen müssten, wie wir uns verhalten sollten oder welche Gefahren lauern. Menschen, die durch Krankheitsprozesse oder Lähmungen einige dieser Funktionen eingebüßt haben, können leidvoll darüber berichten.

Die meisten Menschen sind sich darüber hinaus ihrer Körpersprache nicht bewusst, wissen nicht, wie sie diese ausführen. Aber gelegentlich kontrollieren auch sie sich unwillkürlich dann, wenn sie in besondere Lebenssituationen geraten. Leger zu Hause werden sie sich natürlich anders verhalten, als wenn die Erbtante zu Besuch kommt. Bei einem Vorstellungsgespräch nehmen sie eine veränderte Körperhaltung an, ebenso wenn sie bei einem Höhergestellten vorstellig, mit einem Fremden konfrontiert werden, eine andere jedenfalls, als wenn sie einer lieben Freundin oder einem Freund begegnen. Ganz unbewusst reagieren sie seriös, abweisend, vorsichtig, ein andermal drücken sie unterschiedliche bis überschwängliche Gefühle aus. In besonderen Lebenssituationen aber steuern sie sich vielfach ganz bewusst, besonders in der Art, welche Ausdrucksposen sie sich angwöhnt haben.

Wenn Sie mal wieder einen Film anschauen oder ins Theater gehen, studieren Sie aufmerksam, wie unterschiedlich sich die Schauspieler bewegen, verhalten und agieren, statt nur auf die Geschichte des Stücks zu achten. Wir können dann schnell erkennen, welche Schauspieler wirklich gut und überzeugend sind, weil sie uns durch ihre Stimme, durch die Körpersprache, aufgrund ihrer differenzierten Mimik oder Gestik in ihre „Emotionen" oder Probleme hineinziehen, statt dass sie lediglich Texte aufsagen und sich durch einen Raum bewegen.

Ein natürlicher Körperausdruck wird bestimmt durch sichere freie Bewegungen und einer damit verbundenen inneren souveränen Geisteshaltung.

Sie haben bis hierher schon unterschiedliche Beobachtungen und Selbstbeobachtungen gemacht. Führen Sie nun nachstehende Aufgabe aus:

> Bei Ihrer Morgenhygiene achten Sie einmal beiläufig darauf, wie Sie sich rasieren, die Zähne putzen, kämmen oder schminken. Wie bücken Sie sich über das Waschbecken? **Auf welchem Bein stehen Sie verstärkt?**

Beginnen Sie die Faszination Ihrer körperlichen Bewusstheit zu erleben. Sie können einen Teil Ihres Hirns immer darauf abstellen, Ihre ungeordneten Gedanken, Ihre mangelhafte Körperhaltung, Ihre Atmung, Ihr Kauverhalten u.a.m. zu kontrollieren, zu lenken und zu fokussieren, und dies ganz egal, was oder mit wem Sie gerade etwas tun. Schulen Sie Ihre bewussten Handlungen immer wieder an kleinen Alltagsaufgaben. Es wird Sie auf den Weg bringen, sich Ihrem eigenen Sein zu nähern. Oder haben Sie sich noch nie gefragt: Wer bin ich und warum?

10 Jetzt geht es los

> Verspüren Sie inzwischen Lust, lebendiger und leichter zu gehen, und wollen Sie endlich loslegen? Nun, dann beschäftigen wir uns jetzt mit dem wunderbaren aufrechten Gang des Menschen.

Statuette von Charly Chyplin

Alle Bewegungen sind höchst komplexe ganzkörperliche Ereignisse. Ein unbekleideter Mensch zeigt vielleicht während seiner Bewegungen die oberflächliche Muskelarbeit unter der Haut: z. B. des Bizeps, der Bauch- oder Wadenmuskeln. Aber die feinstimmige Zusammenarbeit des Bindegewebes mit den tiefen Halte- und Balancemuskeln, den vielen Sehnen, den Steuerungsvorgängen der Organe, die auf Bewegungsreize reagieren, entziehen sich unserem Auge. Nicht nur das. Auch mir als Akteur bleibt das meiste verborgen, selbst wenn ich über eine gute Wahrnehmung meines Körpers verfüge.

Hinzu kommen noch die sinnlichen Stimulierungen der Gleichgewichtszentren, die Dehnungsreize der Haut, die Druck- und Zugbelastung auf Muskulatur und Skelett. Und wie wir gelernt haben, nicht nur alle Organe, sondern vor allem das Bindegewebe wird vom ständigen Reiz durch Bewegungen zu Erneuerung und Regenerierung angeregt.

Eines ist sicher: Fließende und organisch ausgeführte Bewegungen verlangen den geringsten Kraftaufwand. Schmerzende Bewegungen beruhen meist auf Überanstrengung, durch Dauerbelastungen oder durch fehlgeleitete Bewegungsachsen. Aber auch, wenn sie auf eine psychisch-hypertone Grundhaltung und gesteigerte Anspannung des Individuums beruhen.

Bewegungen bedürfen der Gegenbewegung und Ruhephasen in entspannter Grundhaltung. Das erlaubt den Muskelfasern als auch den übrigen Strukturen sich zu erholen, indem sie erneut Sauerstoff und Energie tanken. Bei ökonomischer Muskelarbeit kontrahieren niemals alle Muskelfasern gleichzeitig; wenn sie wieder durch die Nullstellung gleiten, schalten sie auf ausgeruhte Fasern um. Auf diese Weise können Muskeln lange ermüdungsfrei arbeiten. Verharren sie in Anspannung, wie durch stundenlanges Sitzen in einer Haltung, entwickeln sie einen schmerzhaften Hartspann.

Zum besseren Verständnis unserer Muskelarbeit sollen Sie folgendes versuchen. Nehmen Sie, wenn vorrätig, von einem neuen Stück **Gummiband** (etwa 40 cm lang) die Enden zwischen die Fingerspitzen beider Hände. Stellen Sie Ihre Ellenbogen auf die Tischplatte:

1. Halten Sie einen Arm still, die andere Hand zieht am Gummiband, so weit es sich ausdehnen läßt. Dann lassen Sie es plötzlich los. Das Gummi flitscht zurück und kringelt sich.

2. Das Gummi liegt glatt zwischen beiden Händen. Ziehen Sie an beiden Enden, soweit es sich dehnen lässt. Lassen Sie nun passiv Ihre Hände dem Zug des Gummis folgen, was sanft in seine Grundlänge zurückkehrt: *Wenn Sie keinen Widerstand leisten, spüren Sie den Zug des Gummis.*

3. Halten Sie einen Arm still, die andere Hand dehnt den Gummi. Während des Zuges am Gummi fangen Sie an, mit der anderen Hand zu ziehen. Einmal die rechte, dann die linke Hand, fließend hin- und herwiegend: *Beobachten Sie, wie sich das Gummi elastisch nur einmal leicht dehnt, aber kaum seine Länge verändert. Heben wir den Zug auf, wird das Gummi sanft in seine Grundform zurückkehren.*

Beachte: Mehrere Gelenke übergreifende Muskeln sind zweiköpfig, können in die eine wie die andere Richtung ziehen oder sie spannen gesamt über die ganze Länge an, wie z. B. beim Tragen eines vollen Eimers mit gestrecktem Arm.

Nun erfahren Sie das Gummi-Experiment an sich selbst:

A1. Heben Sie Ihren rechten Arm nach vorne in Schulterhöhe.

A2. Ziehen Sie sanft und langsam Ihre Hand weiter vor und zwar so, als wollten Sie nach etwas reichen. Spüren Sie, wie sich Hand- und Ellenbogengelenk vermehrt strecken. Wenn Sie den Oberkörper ruhig halten und die Hand weiter nach vorne ziehen, spüren Sie, wie sich die Strukturen um das Schultergelenk dehnen.

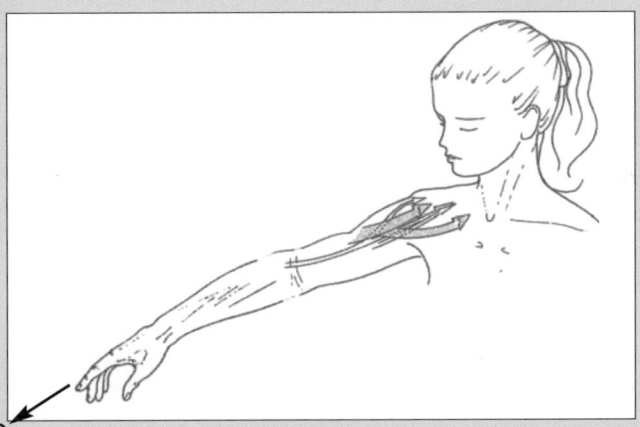

A3. Heben Sie nun den Zug der Hand auf und lassen den Arm langsam durch sein Eigengewicht nach unten sinken, ohne selbst Kraft dafür aufzuwenden. Sie werden bei einigem Wiederholen deutlich fühlen können, dass die Strukturen des Schultergelenks den Arm in seine entspannte Grundposition zurücknehmen.
Auf diese Weise lernen Sie, wie sich das anfühlt, wenn Muskeln nach erfolgter Tätigkeit loslassen und sich entspannen.
Wiederholen Sie das Vorziehen der Hand und das Zurückgleiten des Arms ohne Anstrengung mehrere Male.

Wenn Sie jetzt aufstehen und Ihre Arme gefühlsmäßig vergleichen, wird Ihnen der rechte Arm etwas länger scheinen.
Was Sie jetzt erfahren haben, ist eine aktive Muskeldehnung, im Gegensatz zu einer passiven, die im Sport praktiziert wird. Länger eingehaltene Dehnungen haben eine Muskelverkürzung zur Folge.

B Heben Sie den **rechten** Arm, verlängern ihn wie zuvor und ziehen die Hand weiter. Wenn Sie jetzt den Schultergürtel nicht festhalten, können Sie spüren: Je mehr der Arm vorgleitet, desto mehr wird die **linke** Schulter eine Gegenbewegung nach hinten machen (der rechte Brustkorb dreht sich nach vorne). Sitzen oder stehen Sie dabei aufrecht in Ihrer Achse, werden sich die Wirbelkörper entsprechend mitdrehen können. Beachten Sie auch die Arbeit der Bauch- und Rückenmuskeln.

Je kleiner und feiner, mit je weniger Anstrengung Sie Ihre Versuche unternehmen, um so mehr werden Sie spüren und Ihren Körper wahrnehmen lernen. Unser Versuch soll uns zeigen, wie im Prinzip unser Bewegungsapparat operiert.

Ist jemand sehr verspannt, befinden sich Muskeln des Schultergürtels in Kontraktion, wird die wunderbar gleitende Armbewegung nicht gelingen. Unser Körper wird, auch wenn wir ihn fehlbelasten, stets ganzheitlich gesteuert. Die Schulter- und Rumpfmuskeln müssen sich anstrengen, den Arm nach vorne zu bringen. Vielerlei wird dabei behindert, vor allem die fließende tiefe Atmung und die ausgewogene Körperbalance.

Das Kind sucht Muscheln. Man kann sehr gut sehen, wie es den Schultergürtel dreht.

Mit unserem kleinen Experiment wollten wir erfahren, wie wir mit unseren Muskeln durch bewussten Befehl vorteilhaft arbeiten. Vielleicht ist Ihnen Ihr Versuch auf Anhieb nicht überzeugend gelungen. Entweder können Sie Ihren Körper nicht wahrnehmen, weil Sie ihn nie beobachten, oder Ihre Muskulatur ist schon recht verspannt. Wiederholen Sie den Versuch mal rechts, mal links in den nächsten Tagen, bis Ihnen der körperliche Vorgang klar wird und die Muskeln entspannt Ihrem Befehl folgen. Was Sie jetzt lernen und mit ihrem Körper verstehen, ist Ihnen hilfreich für alle weiteren Schritte, die wir noch vorhaben.

11 Was uns bewegt und hält

Probleme mit der Achillessehne oder einen Fersensporn gehabt? Sicher gehen Sie nicht optimal. Wussten Sie, dass die Achillessehne Energie speichert, indem sie sich anspannt und sie beim Entspannen wieder freisetzt. Auf diese Weise spart der Körper beim ökonomischen Gehen Muskelenergie. Aber leider nutzen nur wenige Menschen ihre Achillessehne sinnvoll.

Die Achillessehne 1) verbindet sich mit der Sehne der hier abgeschnittenen Wadenmuskeln 2) und der Sehne des darunterliegenden Soleusmuskels 3) zu einer Einheit.

Nicht anders ergeht es dem Rücken. Stark wird er nicht durch übertrainierte Muskeln, sondern durch die Tonisierung der großen Rückenfaszien (s. S. 57) wie der Sehnen und Bänder der Wirbelkörper. Wir sprechen vom Bindegewebe, was in jeder Ecke des Körpers zu finden ist. Es kann sehr schmerzempfindlich sein, da es dicht mit Rezeptoren besetzt ist. Ein fehlgeleitetes Bindegewebe wird in seiner Biosynthese gestört, es löst spezielle Botenstoffe aus, die Schmerz signalisieren. Verschlackungen, vor allem durch fortgesetzte Haltungsfehler ausgelöst, können das Bindegewebe verfilzen, verkleben und verdicken und somit auch Blutkapillare und feine

Lockeres Bindegewebe mit zugfesten Kollagenfibrillen, Elastinfasern (dunkle Fäden) und verschiedenen Zellen

Nerven komprimieren. Ultraschallgeräte können Gewebeveränderungen sichtbar machen, gute Therapeuten tasten sie.

Wenn also Rücken, Knie, Schulter oder Ellenbogen wehtun, trägt meist irritiertes Bindegewebe Schuld. Muskeln, die zu den Gelenken führen, blockieren die Flexibilität und Versorgung der Gewebe. Sich bei Schmerzen nur zu schonen oder zur Tablette zu greifen, ist nicht sinnvoll. Besser wäre es, leichte sowie bessere Bewegungen zu versuchen und anzustreben.

Der Ausdauersport ist heute sehr beliebt und damit häufen sich auch die Verletzungen durch Überlastung. Neben den Beschwerden der Achillessehne, der Schienbeinkante ist das Läuferknie Grund vielerlei Beschwerden. Daran soll jeder vierte Läufer oder Jogger leiden. Meist fängt der Schmerz dumpf an, wird stärker, bis es sticht 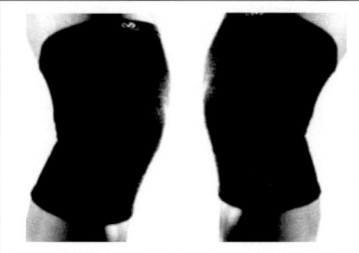 und brennt und das Knie entzündlich anschwillt. Laufen, Gehen und Treppensteigen werden nahezu unmöglich. Bandagen sind nicht die Lösung.

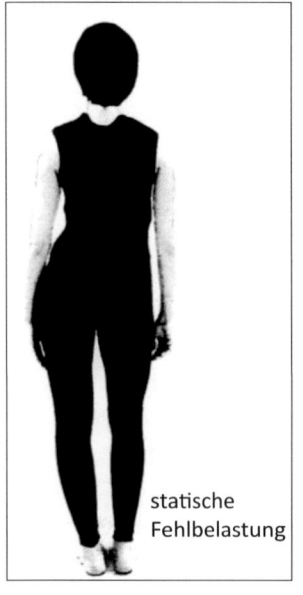

statische Fehlbelastung

Aber auch bei Otto und Erna Normalgeher können statische Fehlbelastungen zu Gelenkschäden führen, ausgelöst durch überanstrengte Sehnen und Bänder der Gelenke aufgrund kontrahierter Muskeln. Veränderte Gelenkspalten gefährden die Menisken, fördern die Entwicklung einer Arthrose. So können auch Schmerzen signalisiert werden durch die gereizte Knochenhaut, die ebenfalls zum Bindegewebe gehört; sie ist sehr nervenreich. Entlastet man, beispielsweise durch manuelle Behandlungen, alle Strukturen, können sich die Gewebe erholen, die Gelenkstellungen wieder richtig justieren. Eine Operation ist in den allerwenigsten Fällen notwendig.

Aus Bindegewebe bestehen Gelenkbänder, Kapseln, Sehnen, Membranen und vor allem Körperfaszien. Bindegewebe umschließt jede Muskelfibrille, die wir nur im Elektronenmikroskop sehen können. Viele Fibrillen bilden eine mit Bindegewebe umhüllte Muskelfaser, wie auch die vielen Muskelfasern, die ein Faserbündel bilden. Letztlich ist der ganze Muskel in eine Bindegewebshülle eingeschlossen. Bindegewebe bettet Organe, Nerven, Gefäße ein, gibt dem Körper einen inneren Halt. Dies bei größter Sicherheit der Bewegungen.

Knochen stützen den Organismus, Muskeln lenken die Bewegungen, ihre Sehnen beugen, strecken und drehen die Gelenke, die durch Gelenkkapseln und Bänder aus unterschiedlichem Bindegewebe beweglich verbunden sind. Durch optimale Gelenkbewegungen wird in den Kapseln die Gelenkschmiere ausreichend erzeugt und zwischen den Gelenkspalten verteilt, um das Knorpelgewebe (welches eine Sonderform des Bindegewebes ist) zu ernähren.

Auf der nebenstehenden Zeichnung sieht man nicht nur die Muskelarbeit und die gegenläufige Schulter- und Beckendrehung durch die Körperhaltung, sondern auch, wie der Zeichner das darunter befindliche Skelett „sehen" kann.

Menisken, wie im Kniegelenk, Dischi, wie zwischen den Kiefer-, Schlüsselbein oder Wirbelgelenken (dazu gehören die Bandscheiben), haben die Funktion wie das eines Kugellagers. Ihre Zusammensetzung besteht aus dem unterschiedlichsten Bindegewebe.

Knochen werden durch Knorpelgewebe fest-beweglich miteinander verbunden: Hierzu gehören die für die Atmung wichtigen Rippenverbindungen am Brustbein, oder die Schambeinfuge, Symphyse

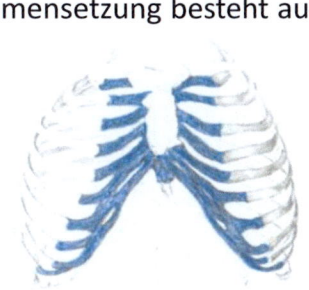

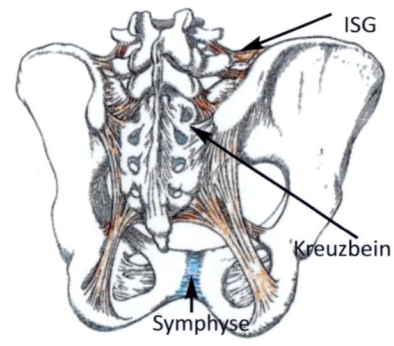

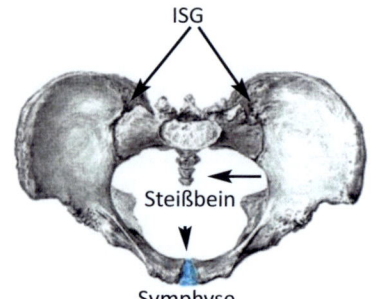

genannt: Sie ist eine wichtige Verbindung, die das Gleiten der beiden Schambeinknochen gegeneinander erlaubt, ohne welche ein reibungsloses Gehen nicht möglich wäre. Ist diese Fuge in ihrer Mobilität behindert oder degeneriert, kann es zu Schambeinbrüchen kommen. Sie besteht aus faserreichem und elastischem Bindegewebe. Von ihr ist auch das flexible Funktionieren der beiden Darmbeinschaufeln-Kreuzbein-Gelenke (Iliosacral-Gelenk, kurz ISG) abhängig, denn sonst können wir nicht richtig ausschreiten, die unteren Wirbelgelenke sind gefährdet.

oben: ISG (Pfeil)
Rosa: mit Bandverbindung zu den Beckenschaufeln.
Blau: Knorpelhaft der Symphyse.
unten: Becken von oben
Pfeile: ISG-Knochenverbindung.
Blau: Knorpelhaft der Symphyse

Desweiteren finden wir vielerlei Membranen im Körper, wie die Zwischenknochenhaut der beiden Unterarm- oder der beiden Unterschenkelknochen, damit sie sich in der Bewegung gegeneinander verdrehen können. Sie sind aus straffem Bindegewebe aufgebaut, im Gegensatz zum Kehlkopf, der aus reichlich elastischen Fasern besteht.

Membran zwischen den Unterarm-Knochen

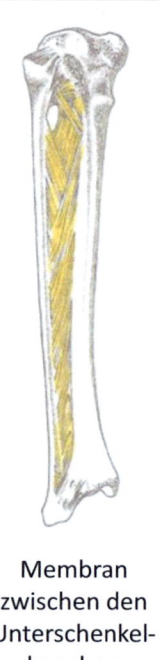

Membran zwischen den Unterschenkelknochen

Beim Bindegewebe müssen wir vor allem die ganzkörperliche Unterhautfaszie als Schutz der Haut erwähnen. Ferner imponieren die mehrschichtigen Bauch- und Rückenfaszien, das sind große Sehnenplatten, die dem Rumpf, besonders dem Rücken, Kraft und Stütze verleihen. Dazu zählt auch die *Faszia* lata, eine Sehnenplatte des äußeren Oberschenkels, die das Hüft- und Kniegelenk beim Stand stabilisiert. Weil es trotz seiner immensen Dehnbarkeit über große Stützfunktionen verfügt, entlastet das Bindegewebe die Muskeln von ihrer Haltearbeit. **Ohne die Tätigkeit all dieser Sehnenplatten wären selbst die besttrainierten Muskeln schnell erschöpft.**

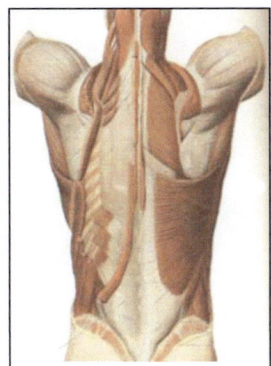

Hier sind mehrere Schichten der Rückenfaszien zu sehen.

Faszie lata

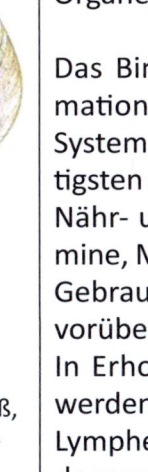

Bein und Gesäß, Teil der ganzkörperlichen Unterhautfaszie

Für die menschliche Bewegung ist also nicht so sehr die Kraft der einzelnen Muskeln von Bedeutung, sondern ein gesundes Bindegewebe, was nicht nur die reibungslose Funktion aller Muskeln gemeinsam gewährleistet, sondern auch die der Organe, Gefäße, Nerven und des Immunsystems.

Das Bindegewebe ist das umfangreichste Informations-Netzwerk des Organismus. Als größtes System unseres Körpers verfügt es über den wichtigsten Anteil des Immunsystems. Alle essentiellen Nähr- und Botenstoffe, Hormone, Enzyme, Vitamine, Mineralien nimmt das Bindegewebe für den Gebrauch der Zellen auf, lagert deren Abfallstoffe vorübergehend ein, um Blut und Hirn zu schützen. In Erholungsphasen, vor allem im Nachtprozeß, werden Säuren wie weitere Schlacken via Atmung, Lymphe und Blut ausgeschieden, da sonst das Bindegewebe verschlackt, unelastisch, funktionsuntüchtig wird und schmerzt.

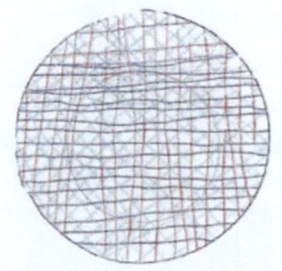

Bindegewebe kommt – je nach Aufgabe – in nahezu flüssiger Form vor (zwischen den einzelnen Zellen), gallertig, als hauchdünne Häutchen bis zu millimeterdicken Sehnen. Kollagene Strukturen geben Stabilität, elastische Fasern ziehen Wasser an, denn dieses eiweißhaltige Bindegewebe kann sich differenziert dehnen oder zusammenziehen, weil es als weitverzweigtes und dreidimensionales Netz aufgebaut ist. Ferner erneuert es sich durch Bewegungen rasch und baut sich permanent um.

Stilistische Darstellung der dreidimensionalen Strukturen, Zug- und Druckrichtungen des Bindegewebes.

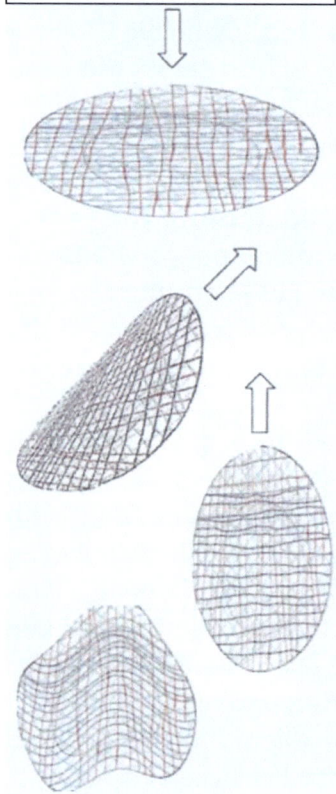

Übung:
Wenn Sie das Gummiband der Übung auf S. 50 wieder zur Hand nehmen und genau betrachten, sehen Sie, dass die einzelnen Gummifäden nicht nur mit Textilfäden umsponnen, sondern auch elastisch verwoben sind. Ähnlich können Sie sich nun einen Muskel mit seinem spezifischen Bindegewebe gut vorstellen.

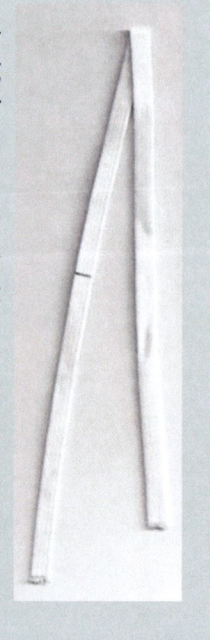

Versuchen Sie das Gesagte durch ein Experiment zu überprüfen: Markieren Sie etwa 14 cm am

Gummiband mit einem Bleistift. Fassen Sie dieses Stück zwischen Daumen und Zeigefinger beider Hände und ziehen Sie dieses Stück, so weit wie es leicht geht, auseinander. Messen Sie die gedehnte Länge ab.

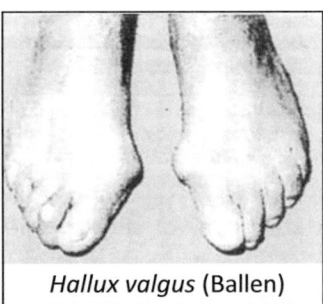

Hallux valgus (Ballen)

Nun machen Sie in die 14 cm an irgendeiner Stelle ein oder zwei Knoten. Ziehen jetzt das Gummiband bis zur markierten Stelle auseinander, die Länge wird jetzt erheblich kürzer ausfallen. Vielleicht können Sie sich nun vorstellen, wie sich ein kontrahierter Muskel mit seinem verklebten, verknoteten Bindegewebe verhält. Er kann sich nicht elastisch ausdehnen!

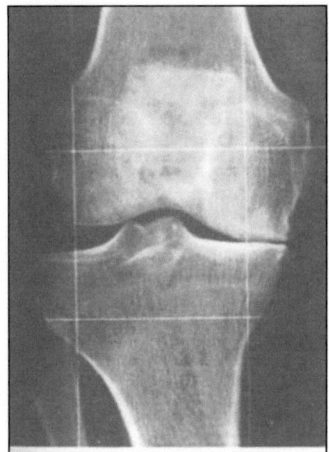

Kniegelenkverschmälerung und Achsenverschiebung

Wenn ein derart verkürzter Muskelstrang arbeiten soll, wird er mehr Energieeinsatz benötigen (Sie müssen sich anstrengen). Und nicht nur das: Da alle Muskeln in Sehnen enden, die meist an Gelenkknochen haften, werden diese aus ihrer balancierten Achse gezogen. Durch den ständigen Reiz wird sich auf Dauer der Knochen vergrößern (wie beim *Hallux valgus*), den Gelenkspalt verengen (z. B. am Knie-, Hüft- oder Schultergelenk). Knochenhaut und Knochen können sich entzünden, damit das Gelenk blockieren oder auf Grund von Mangelversorgung degenerieren. Schmerzen und mangelhafte Bewegungen kündigen sich an.

Das weitaus größere Problem kann sein, dass die Beeinträchtigung eines Gelenks lange Muskelketten des Körpers aus der Balance bringt. Wenn Sie einen Pullover anhaben, ziehen Sie ihn einmal an der unteren rechten Ecke. Sie werden sehen, dass er sich bis zur linken Schulter verzieht. Genau so reagiert das Bindegewebe stets bei guten wie bei unökonomischen Bewegungen ganzheitlich.

Angestrengte Dehnungen nach längeren Belastungen können zu Verletzungen führen. Besser ist es, leichte Gegenbewegungen auszuführen, wie sich nach dem Laufen mehrmals in den **Hüftgelenken** nach vorne zu beugen. Achten Sie dabei auf die **Stellung der Kniegelenke über den Fußknöcheln** (siehe Abb), also das Gesäß weit genug nach hinten schieben! Dann sich aus dem Hinterkopf wieder aufrichten.

Wenn Sie beispielsweise ständig mit dem rechts vorgezogenen Arm und seiner Hand die Maus bedienen, dadurch eine permanente, manchmal kaum wahrnehmbare Oberkörperdrehung ausführen, machen Sie, wie die Abbildung zeigt, eine Gegenbewegung. Sind Sie ein häufiger Autofahrer, der stets ein Gasbein einsetzen muss, machen Sie hinterher auf dem Stuhl mehrmals eine Gegenbewegung. (s. auch S. 51)

Manchmal entstehen Schulterschmerzen durch eine Fehlstellung eines Fußes, Beines oder des Beckens. Man muss einen Patienten dahingehend studieren, von wo aus er eine Muskelkette verzerrt. Manuelle Therapeuten wie Osteopathen sind bemüht, bindegewebige Strukturen zu befreien, damit sie besser versorgt werden, sich regenerieren und somit ihre Biosynthese wieder aktivieren können.

Heute ist die früher geübte schwingende oder tänzerische Gymnastik ganz und gar unpopulär geworden. Sie entspricht dem normalen Bewegungsmenschen, aktiviert physiologische Dehnungen aller Strukturen, worauf Fibroblasten (die Gewebserneuerer) reagieren und spezifisches Eiweiß vermehrt herstellen. Auch Chigong kommt den natürlichen Bewegungen des Menschen weitest entgegen und baut viel Muskelkraft auf.

12 Wir trainieren die Mittelachse

Frage ich in meinen Kursen, wie wir das Gehen beginnen, erhalte ich meist als Antwort: mit dem Fuß oder mit dem Knie. Niemand kommt es in den Sinn, dass wir ein Bein nur mühevoll vorwärts bringen, wenn wir nicht zuerst unseren Schwerpunkt verlagern. Das Körpergewicht wird zum Kopf hin gerichtet, nicht zu den Füßen. Bevor Sie den aufrechten Gang beherrschen, müssen Sie also zunächst die verschiedenen Bausteine kennenlernen, die Ihnen dies ermöglichen.

Ist der Schwerpunkt nicht richtig verlagert, wird die ganze Muskelkraft der Bewegung unökonomisch über die Gelenke geführt – zu deren Schaden; hingegen verlagern wir den Schwerpunkt senkrecht auf das Stützbein, wird das Spielbein im Hüftgelenk frei schwingen. Mit anderen Worten: Die Erdanziehung hält unsere Füße zwar am Boden, unser Kopf trotzt ihr und richtet uns himmelwärts aus.

Wir trainieren die Mittelachse
Versuchen Sie das Gesagte über einige Bewegungsbeispiele verständlich nachzuvollziehen. Machen Sie zunächst folgenden Test:
Wie gut stehen Sie auf einem Bein?
Heben Sie erst ein Bein im rechten Winkel an, der Unterschenkel und der Fuß hängen locker im Lot nach unten, dann das andere. Auf welchem Bein können Sie besser und länger stehen? Das Bein, das sofort wieder zu Boden will, dessen Hüfte und die Beckenmuskeln der Gegenseite sind entweder schwach oder Sie verlagern Ihre Achse nicht ausreichend auf das Standbein.
Wenn Sie unsicher sind, halten Sie sich fest.
**Achten Sie aber immer auf die vertikale Achse:
Nicht im Rumpf seitlich einknicken!**

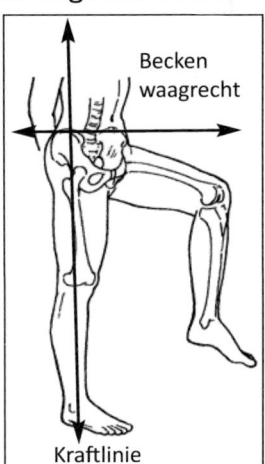

Übungen helfen Ihnen, die Hüftgelenk- und Beckenmuskeln zu kräftigen.

Stellen Sie sich aufrecht hin, beide **Füße mittig nebeneinander**. Zuerst lernen Sie das Abziehen des Oberschenkels von der Mittelachse (Abduktion) und zurück zur Ausgangsstellung (Adduktion). Ohne das Fußgelenk zu verändern, arbeiten Sie von der Ferse aus (s. Pfeile), Beine gestreckt.

parallel abziehen und zur Mitte zurückziehen

Spüren Sie, wie die äußeren Bein- und Gesäßmuskeln das Bein wegziehen, wie auf der Gegenseite die gleichen Muskeln sich spannen, um Becken und Bein zu strecken. Wenn Sie in die Ausgangsstellung zurückkehren, entspannen sich alle Muskeln wieder. Ihr Körpergewicht ist nun auf beide Füße verteilt.
Wechseln Sie die Arbeitsseiten, einmal linkes Bein, dann rechtes Bein. Mehrere Male.
Welche Seite fällt Ihnen leichter, ohne die Balance zu verlieren?

Sie stehen in der Grundstellung, die Fersen in einer Achse mit den Hüftgelenken. Drehen Sie das rechte Bein vom Hüftgelenk aus **mit gestrecktem Knie und Fuß** nach außen. Zurück in die Grundstellung.
*Spüren Sie nun, welche anderen Muskeln um das Hüftgelenk und im Gesäß arbeiten müssen. Vergleichen Sie die **Außenrotation** des Hüftgeleks mit der **Abduktion** der vorangegangenen Übung!*
Wechseln Sie die Beine mehrere Male.

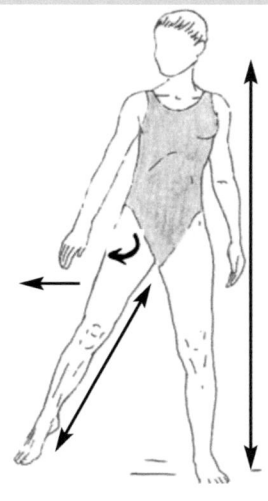

Beachte: Sind die Beckenmuskeln auf einer Körperseite schwach oder die Gelenkstrukturen bereits pathologisch verändert, sinkt das Becken auf der gesunden Seite ab. Abb. a) Bei gewohnheitsmäßiger

Standbein-Spielbeinhaltung kommt es zur Beckenschiefstellung, einem sogenannten kurzen und langen Bein, sowie zur Wirbelsäulenverkrümmung. Das Stehen auf einem Standbein wird schwirig. Abb. b) Lernen Sie in der Mittelachse zu stehen. Dann wird mit der Zeit das Gehen und Stehen einfach (Abb. c).

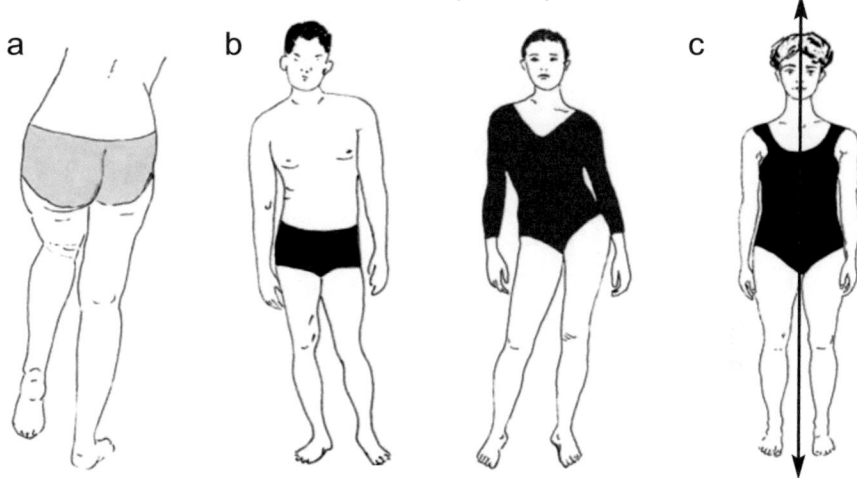

a   b   c

Übung: Nachdem Sie die Becken- und Oberschenkelmuskeln und somit die Beweglichkeit der Hüftgelenke etwas trainiert haben, arbeiten Sie bewusst mit der Standbein-Verlagerung.

Sie stehen aufrecht in der Grundstellung.
Verlagern sie nun Ihren Kopf mit der Wirbelsäule über die Ferse eines Beines. Dabei hebt sich die Ferse des anderen Beines einige Millimeter. Ihr ganzes Körpergewicht ruht nun auf einem Standbein.
Kehren Sie wieder zurück in die Mittelachse. Spüren Sie das entlastete Körpergewicht nun auf beiden Füßen.
Verlagern Sie dann Ihr Gewicht auf das andere Standbein.
Einige Male das Standbein wechseln.
Immer dazwischen auf beiden Beinen mittig ausruhen!

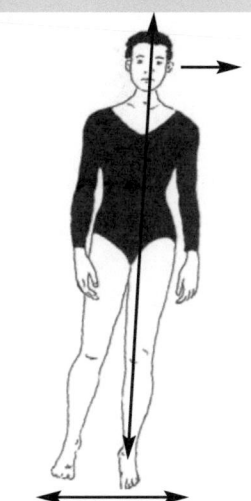

Beachte: *Sie trainieren die Standbeinverlagerung, weil Sie ja wahrnehmen lernen möchten, wie es sich anfühlt, auf dem einen oder anderen Standbein zu stehen. Dann können Sie sich künftig ertappen, wenn Sie stets Ihr Lieblingsstandbein benutzen und entweder im Oberkörper sich zur Seite neigen oder das Becken verschieben. Damit haben Sie die Freiheit, Ihre Haltung zu ändern, um künftigen Gelenkschäden vorzubeugen oder ein bereits vorgeschädigtes Gelenk nicht weiter zu belasten. Betrachten Sie sich im Spiegel, ob Sie nach der letzten Übung besser in Ihrer Mittelachse stehen (s. Abb. c) Seite 63)*

Wiederholen Sie die vorangegangenen Übungen jeden Tag ein paar Minuten. Das Hüftgelenk des Standbeins bleibt stets gestreckt, ohne das Knie nach hinten zu überstrecken (S. 82). Sie können diese überall und jederzeit ausführen. Mit der Zeit werden sich Ihre Hüftgelenkstrukturen verbessern.

Voraussetzung für gutes Gehen und Stehen ist ein flexibles, aber gleichzeitig stabiles Hüftgelenk und ein bewegliches Iliosakralgelenk (ISG).

Wiederholen Sie zum Abschluss den Test von Seite 61. Sollte es Ihnen zunächst nicht gelingen, frei und stabil bei gestrecktem Hüftgelenk auf einem Standbein zu stehen, üben Sie zunächst mit einem Hocker.

Heben Sie das **rechtwinklig** gebeugte Bein ein wenig vom Hocker ab und halten Sie es ein wenig. Danach dann auf beiden Beinen ausruhen. Viermal, dann Beinwechsel.

Anschließend einige Male im Wechsel ohne Hocker, bis Sie auf jedem Standbein sicher stehen, das andere Bein mit lockerem Fuß und Knie rechtwinklig gebeugt.

13 Wir befreien die Hüftgelenke

Ist Ihnen schon aufgefallen, dass wir meist das Becken über die Hüftgelenke bewegen, ob wir nun sitzen, uns bücken, ob wir stehen und gehen oder den Kopf bewegen? Zentrum und zuständig für fließende Bewegungen ist also das Becken mit seinen zugeordneten Hüftgelenken, die sich in der Beckenpfanne mit den umspannenden mächtigen Gelenkkapselbändern (S. 114) frei in die verschiedensten Richtungen drehen müssen.

Test: Versuchen Sie, durch kleine, leichte Bewegungen aller Art die oben gemachte Aussage zu untermauern.
Die Hüftköpfe können sich mit den Beinen nur frei in alle Richtungen der Beckenpfanne bewegen, wenn die Beine nicht auf dem Boden fixiert sind, d. h. im Prinzip nur ein Hüftgelenk während des Gehens oder Tanzens, also wenn ein Bein sich frei in der Luft bewegen kann (auch während des Sitzens). Probieren Sie dies auch mit unterschiedlichen Beinbewegungen aus.
Ansonsten bewegen sich die Beckenknochen über die Hüftgelenkköpfe, die Muskeln reagieren darauf.

Übung
Stehen Sie mittig mit locker gestreckten Knien auf beiden Füßen. Verlagern Sie Ihr Gewicht vom Kopf aus auf ein Standbein. Wenn Sie das Gefühl haben, sicher auf diesem Bein zu stehen, beugen Sie das freigewordene Spielbein und führen es rückwärts. Setzen Sie es auf dem Fußballen (nicht auf den Zehen) ab. Das Hüftgelenk (Pfeil) und beide Knie sind gestreckt (s. Abbildung), Spüren Sie die gebeugte Achillessehne und die straffe Fußsohle! (Ausrufezeichen)

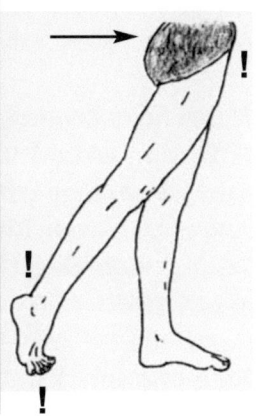

> *Fühlen Sie nach, ob Sie auf diese Weise auf beiden Beinen sicher stehen, denn nun wird das Gewicht wieder auf beide Beine verteilt: auf Ferse und äußeren Mittelfuß des Standbeins und auf den Ballen des nach hinten aufgestellten Beins.*
> **Achten** Sie dabei auf dessen **Dehnung in der Leiste** und die Arbeit der gebeugten Muskeln oberhalb des Beckenkamms im Rücken (siehe Pfeiie auf der vorseitigen Abbildung).
> Senken Sie die Ferse des rückwärts gestellten Beins auf den Boden. Damit das Hüftgelenk des **Standbeins** nicht nach außen ausweicht, beugen Sie ein wenig dessen Knie.
> Heben Sie und senken Sie einige Male Ihre Ferse, einmal beugen Sie dabei das Knie des Standbeins, einmal lassen Sie es gestreckt. *Spüren Sie die unterschiedliche Arbeit im Hüftgelenk des Standbeins!*
> **Achten Sie auf Ihren gestreckten Rumpf und das gestreckte Hüftgelenk Ihres Standbeins, Ihren gehobenen Kopf, die Augen schauen geradeaus!**

Befinden wir uns in einer entspannten aufrechten Stellung, sind unsere Körperachsen ideal ausbalanciert, arbeiten Skelett und Muskeln kooperativ. Jeder Muskel kennt seine spezifische Aufgabe. Verlassen wir in der Bewegung unsere vertikale Achse, werden vor allem Bindegewebestrukturen und reflektorisch gesteuerte Haltemuskeln unsere Balancen sichern. Dies alles geschieht mit dem geringsten Kraftaufwand.

Während notwendiger Bewegungen werden sich die Agonisten (die aktiven Muskeln) zusammenziehen, die Antagonisten (ihre Gegenspieler) verlängern und die Synergisten (die zugeordneten Mitbeweger) deren Tätigkeit unterstützen. Gleichzeitig begleitet das Bindegewebe kraftvoll die Muskeltätigkeit, um sie von ihrer Arbeit zu entlasten, und um das Skelett optimal zu steuern.

Bei monotonen statischen Haltungen, ohne natürliche Bewegungsaktionen wie beim **krummen** Sitzen, Stehen oder bei bevorzugtem

Einbeinstand – verlieren wir die schwingende Balance-achse. Muskeln, Sehnen, Bindegewebe, die wir für Bewegungen unbedingt benötigen, müssen sich zusätzlich anspannen, um die ungünstige Dauerhaltung aufrecht zu erhalten. Sie werden für ihre Bestimmung ausgeschaltet. Wir werden steif und rigid, besonders betroffene Gelenke werden in den Gelenkspalten eingeengt und mangelhaft versorgt. Verschleiß bahnt sich an. Wirbelsäule und die inneren Organe, die immer von unserer Haltung und Bewegung abhängig sind, müssen mitleiden. Siehe das negative Beispiel nebenstehender Haltungsabbildung.

Wiederholen Sie daher immer wieder alle Hüftgelenkübungen (siehe auch nächste Seite), damit diese stets beweglich und kompetent bleiben. Wer schon Hüftgelenkprobleme kennt, wird mit der Zeit diese Probleme auflösen und meist Operationen vermeiden können.

**Machen Sie sich täglich sinnlich bewusst,
wie Sie sich halten und bewegen.**

Beim Hüftgelenk kennen wir nun folgende Bewegungsrichtungen:
    Beugen und Strecken (Seiten 61, 64, 68)
    Abduktion und Adduktion des Beins (weg und hin zur
    Mittellinie des Körpers, Seite 68), und das Überkreuzen der
    Mittellinie des Körpers wie beim Tanzen (unten).
    Außendrehung und Innendrehung des Beins (Seite 68).

Hüftübungen: Halten Sie sich leicht fest. Fahren Sie nicht fort, bevor Sie die vorangegangenen Übungen beherrschen. Wird Ihr Balancegefühl gut, werden Ihre Hüftgelenke stabiler, können Sie weiter trainieren. Mit gesteigerter Sicherheit werden Sie mehr Freude haben, freihändig mit Ihrem Körper zu arbeiten.

Zunächst üben Sie **jede Bildreihe für sich,** einige Male. Dann auf beiden Beinen in der Grundstellung ausruhen. Anschließend Beinwechsel. – **Mit zunehmender Sicherheit** alle sieben Beinstellungen in einem Zug abwechselnd durchbewegen.

Erste Zeile 1) Bein gebeugt ausdrehen 2) Bein aus dieser Position strecken 3) Bein beugen, nach innen drehen. Zurück zum Ausgang.

Zweite Zeile
4) das gestreckte Bein (parallel zum Standbein!) von der Ferse aus abduzieren und
5) adduzieren (die Mitte des Körpers überkreuzend). Zurück zur Ausgangsposition.

Dritte Zeile
6) Bein beugen (mit Hillfe der Hände),
7) Bein strecken. Fuß **auf Ballen** aufsetzen. Zurück zur Ausgangsposition.

14 Kompetente Füße

> Eine natürliche Körperhaltung nehmen Sie ein, wenn Sie nirgendwo Muskeln auf falsche Weise kontrahieren, wenn Sie nirgendwo im Körper Gelenke ungünstig verbiegen oder fixieren. Dann können Sie Bewegungen des stets aktiven Muskelsystems ungezwungen und frei während der Tätigkeiten ausführen. Dies erfordert lediglich ökonomische Muskelkraft, dynamische Gewebe und freie Gelenke.

In der Bevölkerung leiden viele unter Fußproblemen. Eine Fehlstellung der Füße löst in verschiedenen Teilen des Organismus Irritationen aus, wobei meist nicht erkannt wird, wer die Verursacher sind. Alle Strukturen des Körpers bestehen aus Eiweiß, die verquellen, verkleben und sich vergrößern oder abnutzen können, wie Knorpel und Knochen durch vermehrte Zug- oder Druckbelastung. Die Füße bilden die Basis der menschlichen Körperhaltung. Durch ihre geniale Gewölbekonstruktion sind die relativ kleinen Füße in der Lage, den schweren Menschen federnd zu „tragen". Ihnen nicht die gebührende Aufmerksamkeit zu schenken, ist grob fahrlässig. Als Therapeut fällt mir immer wieder auf, wie unbeweglich Füße sein können. Mögen da die vielen Fußprobleme verwundern?

Nur der korrekte aufrechte Gang bewirkt, dass sich die größte Kraft der Körpermasse oben und in der Mitte des Körpers befindet. Durch eine vorteilhafte Kopfhaltung wird ein elastisch-gespannter Tonus der Faszien, der Gelenkbänder und der Aufrichtemuskeln erreicht. Die Hüftgelenke bleiben frei in ihrer Beweglichkeit, Knie wie Füße werden entlastet und vor Deformationen verschont.

Deshalb müssen wir in den meisten Fällen davon ausgehen, dass die Ursache für Gelenkprobleme in den höheren Regionen der Körperhaltung zu suchen ist: in der Stellung des Beckens (mit den Hüften) und des Kopfes. Das Erlernen korrekter Gehmuster wird uns helfen, Gelenkprobleme zu meistern. Voraussetzung jedoch ist, dass wir fixierte Strukturen befreien, damit die nervösen Bewegungsbefehle auch übertragen und ordentlich ausgelöst werden können. Eigene Bemühungen sind auf Dauer – im Hinblick auf das zunehmende Alter – wirkungsvoller als Operationen.

Fühlen Sie, wie Sie aufleben, wenn Sie einmal barfuß gehen dürfen. Machen Sie es so oft wie möglich. Beim Spazierengehen auf einer Wiese oder auf einem Waldboden, am Strand, im Garten, in der Wohnung. Wenn Sie eine sitzende oder stehende Tätigkeit ausüben, ziehen Sie während einer Pause die Schuhe aus und machen Sie nachfolgende Übungen. Je mehr Ihre Füße bewegt werden, desto frischer wird Ihr Geist, da sie die Blutzirkulation anregen.

Achillessehne (S 53) und Sprunggelenk (S.34) trainieren.
Sie stehen in der Grundhaltung.
Beugen Sie sich in den Hüftgelenken, **das Gesäß wird nach hinten geschoben**, bis die Knie senkrecht über den Sprunggelenken stehen! (Abb. unten)
1. Aus dieser Stellung strecken Sie das rechte Bein nach vorne und setzen den Fuß mit der Ferse auf. *Achten Sie darauf, dass die Zehen gestreckt bleiben und das gebeugte bzw. gestreckte Knie sich nicht nach innen dreht.*
2. Richten Sie sich in Ihrer Achse auf (s. Pfeil), setzen Sie das rechte Bein zum Strecken zurück auf die flache Fußsohle. Einige Male wiederholen, dann Beinwechsel. Anschließend mit beiden Beinen die Bewegungen im Wechsel durchführen.

Achten Sie darauf, sich wirklich vollkommen aufzurichten, sonst werden die Beinmuskeln, besonders aber die Achillessehne, nicht richtig gedehnt!

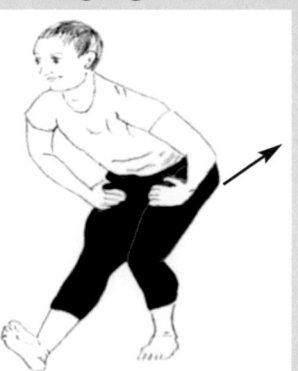 

Achillessehne dynamisch sanft dehnen

1. Stellen Sie sich in aufrechter Haltung mit den **Fußballen** auf eine Treppenstufe oder ein dickes Buch. Dehnen Sie sanft die Fersen langsam nach unten und entspannen wieder. Mehrere Male.

2. Heben Sie anschließend im Stehen die Vorderfüße im Sprunggelenk **mit gestreckten Zehen**. Stellen Sie sich anschließend auf die Fußballen, indem Sie sich mit den Fersen so hoch wie möglich heben und den Spann ihres Fußes strecken. Mehrmals mit Pausen.

Achten Sie darauf, sich nicht überflüssig anzustrengen, damit Sie die Sehne nicht überlasten. Mit mehr Übung werden die Achillessehnen geschmeidiger und kräftiger.

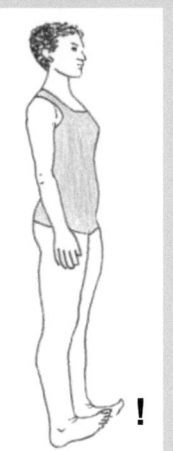

Fußsohlenmuskel stärken

Übung im Sitzen oder Stehen.

1. Legen Sie ein Tuch mit dem Rand unter Ihre Zehen und ziehen Sie dieses sanft zu kleinen Falten unter Ihre Fußsohle. Einige Male. Erst mit dem rechten, dann mit dem linken Fuß, dann mit beiden zusammen, ohne die Füße zu verkrampfen.

2. Legen Sie ein Gewicht auf das Tuch wie ein Buch und wiederholen Sie die Übung.

3. Versuchen Sie anschließend jeweils mit den Fußzehen das Tuch oder andere Gegenstände so hoch zu heben, wie Sie mit dem Bein können.

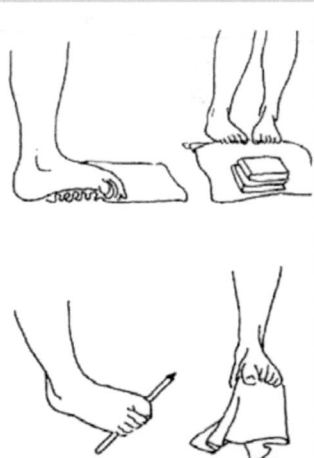

Die federnde Fähigkeit der Sprunggelenke ist abhängig von der Geschmeidigkeit und Kraft der Achillessehne und der Unterschenkel-Beinmuskeln.
Nachstehend machen wir die Sprunggelenke beweglich. (Seite 74)

Die Sprunggelenke aktivieren
Sie sitzen bequem in der Grundhaltung
1. Heben Sie Ihre Vorderfüße, drücken Sie sanft mit den Fersen den Boden. Wieder entspannen. Mehrmals wiederholen.
Achten Sie darauf, die Füße nur im Sprunggelenk zu heben, nicht aus den Zehen. Die Fußzehen bleiben gerade gestreckt.
2. Heben Sie nun beide Fersen, bis Sie mit leichtem Druck auf den Zehenballen stehen. Entspannen, mehrmals wiederholen.
Achten Sie darauf, dass Sie wirklich auf den Zehenballen und nicht auf den Zehenkuppen stehen.
3. Heben Sie nun wiederholt gleichzeitig beide Vorderfüße und Fersen im Wechsel hoch. **Achten** Sie auf eine präzise Ausführung der Fußarbeit.

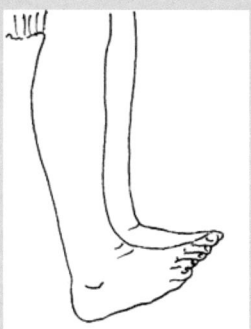 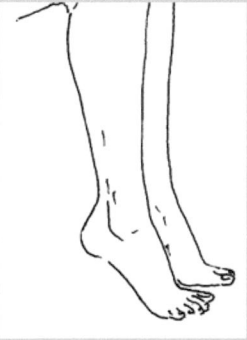 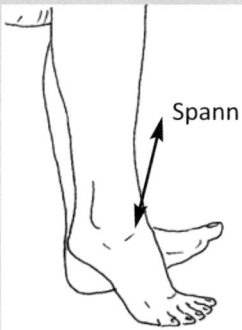

Spann

4. Üben Sie im Stehen in aufrechter Haltung: Heben Sie einen Vorderfuß und eine Ferse im Wechsel, erst langsamer, dann schneller öfter im Wechsel. Mit der Zeit werden Sie den Spann Ihrer Füße leichter wölben können, weil die Bänder der Fußknöchel elastischer werden.
Gehen Sie anschließend im Zimmer auf und ab, um sich selbst und die Füße in ihrer Arbeit bewusster zu spüren.

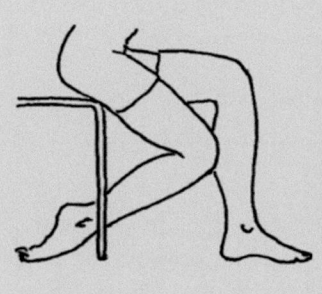

Spann (Fußrücken) dehnen
Sie sitzen in der Grundhaltung. Heben Sie ein gebeugtes Bein. Führen Sie den Unterschenkel unter den Sitz, bis die Zehennägel auf dem Boden liegen. Einige Male mit wechselnden Beinen.
Wenn der Spann schon etwas geschmeidig ist, drücken Sie die Zehennägel leicht auf den Boden, entspannen und wieder drücken.
Kann sein, dass sich anfangs die Muskeln der Fußsohlen verkrampfen wollen. Dann dehnen sie mit weniger Druck, bis allmählich die Fußbänder elastischer werden.

Um ein Auto fahren zu können, muss ich nicht die Beschaffenheit des Motors kennen oder die Funktion des Getriebes verstehen, wenn es auch nicht von Schaden wäre, ein Basiswissen zu haben. Es reicht, die Bedienung eines Fahrzeuges und die Verkehrsregeln zu beherrschen, um sicher durch einen Raum in einer gewissen Geschwindigkeit zu steuern. Ebenso muss ich nicht die genaue Anatomie meines Körpers kennen, um künftig meine Bewegungen leichter zu vollbringen und die physiologischen Bewegungsabläufe besser zu verstehen.

Ein jeder wird jedoch begreifen, dass verschieden große oder breite Reifen unter ein Vehikel montiert, dessen Fahreigenschaft herabsetzt, dies sogar für den Fahrer lebensgefährlich ist. Ebenso Gas zu geben und gleichzeitig mit dem anderen Fuß zu bremsen oder nur im zweiten Gang zu fahren, wird uns auch nicht weit bringen. Trotzdem empfinden viele von uns dies für ihren Körper ganz in Ordnung.

Ähnlich wird es jemandem ergehen, dessen Gelenkachsen nicht korrekt aufeinander abgestimmt sind. Dies wird durch Haltungs- oder Belastungsfehler ausgelöst. Besonders betrifft dies unsere – im Verhältnis zum übrigen Körper – kleinen Füße, die das Gewicht des Organismus durch die Welt tragen.

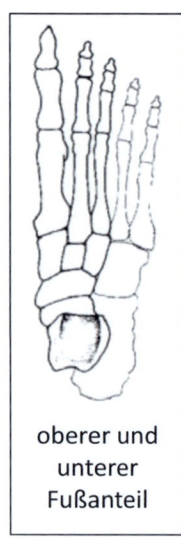
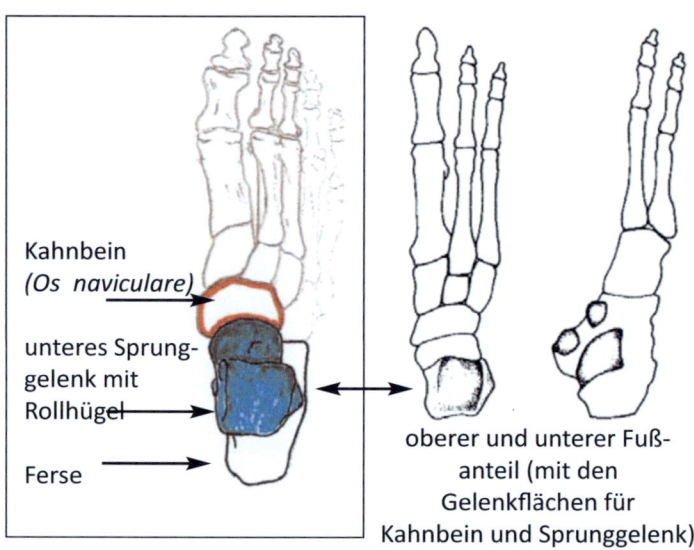

oberer und unterer Fußanteil

Kahnbein (Os naviculare)
unteres Sprunggelenk mit Rollhügel
Ferse

oberer und unterer Fußanteil (mit den Gelenkflächen für Kahnbein und Sprunggelenk)

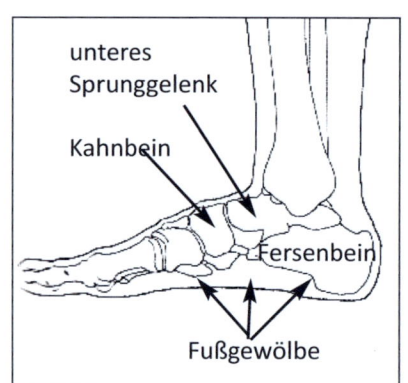

unteres Sprunggelenk
Kahnbein
Fersenbein
Fußgewölbe

Nachzeichnung der Sohle eines Senk-Knick-Plattfußes. Man kann deutlich am Umriss erkennen, wie das Fußgewölbe eingebrochen ist. Kahnbein und Sprunggelenk berühren den Boden. Der Fuß ist durch die Bänderlaisonen verdreht und zum inneren Fußrand abgerutscht. Das Abrollen des Fußes ist nicht möglich.

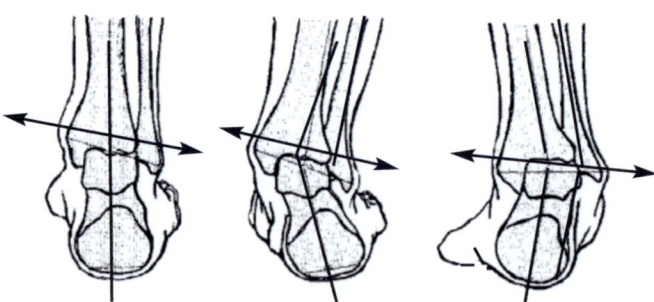

Fersenstand: links: Normalfuß, mittig: Senkknickfuß mit der Disposition zum Plattfuß, rechts: Hohlfuß

Aber zum Glück verhält es sich nicht so, wenn wir gut gehen. Ein gesunder Körper ist so feinsinnig und intelligent konstruiert, dass er stets kraftsparend arbeitet. Doch kann ich nicht oft genug betonen: Jedes Einzelglied wirkt immer auf den Gesamtorganismus, innen wie außen, von den Füßen zum Kopf und umgekehrt. Dies auch, wenn wir uns nicht in bester Haltung befinden oder wir uns, wie in diesem Kapitel, einzig mit den Füßen beschäftigen.

Der Fuß dient vor allem dreierlei: der Kraftübertragung, der Bewegung und der Balance. Die Kraft, die aus den oberen Regionen, und vor allem durch die Erdanziehung, auf die Füße übertragen wird, vermittelt der Gegendruck des Bodens wieder an die oberen Körperregionen zurück. Reflektorisch werden dadurch die Halte- und Balancereaktionen im Bindegewebe und den Muskeln aktiviert.

Der Fuß besteht aus zwei wichtigen Etagen: Die untere – sie dient vornehmlich der Kraft, wenn wir das Standbein benutzen – bilden die äußeren zwei Zehen mit den Mittelfußanteilen und vor allem der Ferse. Die vorderen drei Zehen, das untere Sprunggelenk und die meisten Fußwurzelknochen brauchen wir für die Bewegung. Sie liegen mit dem munteren Sprunggelenk und dem Kahnbein über der Ferse. Dadurch hat sich die wunderbare Gewölbekonstruktion des Fußes herausgebildet, die uns eine unglaubliche Elastizität verleiht.

Übrigens heißt das Kahnbein auf Lateinisch *Os naviculare,* was so viel bedeutet, dass dieser Knochen die Fußbewegungen sinnvoll navigiert. (S. 74) Viele, viele Bänder müssen die Fußknöchel dynamisch in Schach halten. Verhalten Sie sich statisch durch Fehlbelastungen, bedeutet dies Anstrengung, Schmerzen und langfristig Deformation der Füße mit weitreichenden Folgen für den Körper. Sprunggelenk und Kahnbein berühren den Boden nicht, außer sie rutschen durch inkompetente Gelenkbänder aus ihrer dynamisch-stabilen Führung. Dann bildet sich ein Senkknickfuß oder schlimmstenfalls ein Plattfuß heraus. (S. 74) Die Abrollbewegung des Fußes beim Gehen ist aufgehoben. Dazu später mehr.

Nun betrachten Sie aufmerksam weitere Abbildungen.

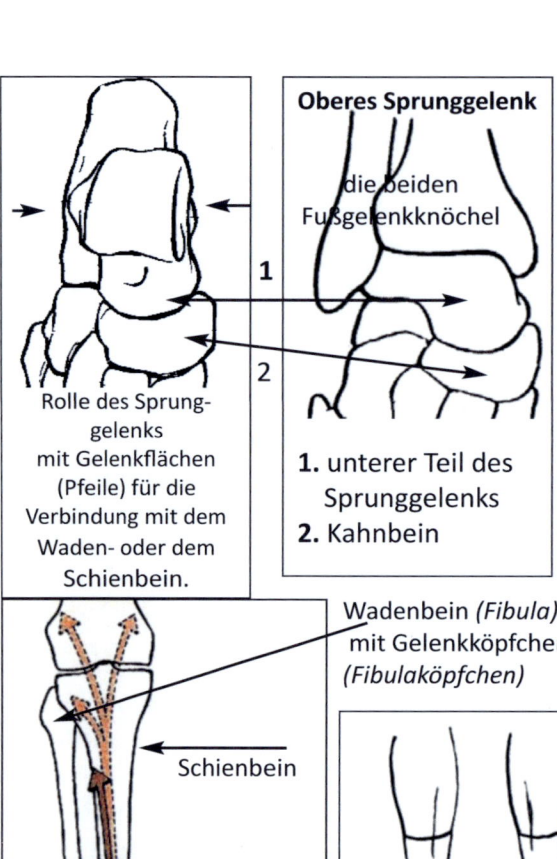

Oberes Sprunggelenk

Rolle des Sprunggelenks mit Gelenkflächen (Pfeile) für die Verbindung mit dem Waden- oder dem Schienbein.

1. unterer Teil des Sprunggelenks
2. Kahnbein

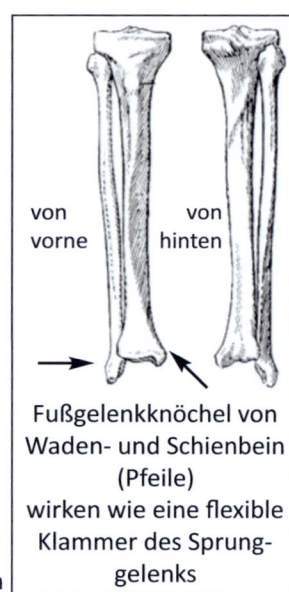

Fußgelenkknöchel von Waden- und Schienbein (Pfeile) wirken wie eine flexible Klammer des Sprunggelenks

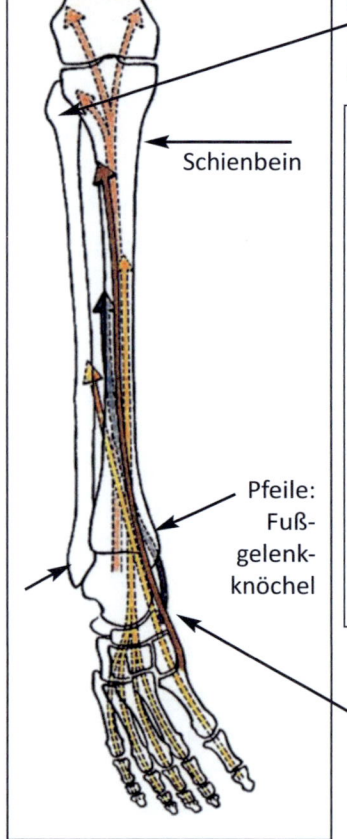

Schienbein

Wadenbein *(Fibula)* mit Gelenkköpfchen *(Fibulaköpfchen)*

Pfeile: Fußgelenkknöchel

Zugrichtung des tiefen vorderen Unterschenkelmuskels für das Kahnbein (blau)

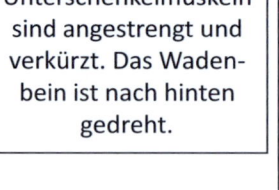

Hohlfuß: Die inneren Unterschenkelmuskeln sind angestrengt und verkürzt. Das Wadenbein ist nach hinten gedreht.

Senk-Knick-Fuß: Die inneren Unterschenkelmuskeln sind schwach, die äußeren oftmals verstärkt, das Wadenbein nach vorne gedreht.

15 Bewegliche Säulen: die Unterschenkel

> Wollte man den Fuß in seiner komplexen Anatomie, seiner Funktion und Veränderlichkeit beschreiben, würde das viele Seiten erfordern. Wenn Sie vorteilhaft gehen, im Sinne der physiologischen Bewegungsgesetze, läuft in den einzelnen Körperteilen alles folgerichtig ab, ohne Schaden zu nehmen und alles wird leichter für Sie.

Der Fuß, der viel tragen muss, benötigt für seine vielen Gelenkknochen nicht nur starke, sondern auch elastische Bänder. Er verfügt neben den obligatorischen Gefäßen und Nerven über Muskeln, Sehnen und Sehnenscheiden, Schleimbeutel und Fettpolster. Doch viele Fußsehnen sind sehr lang und nehmen einen weiten Weg von ihren Muskeln im Unterschenkel ausgehend.

Wir wissen, ist im Getriebe ein Zahnrad funktionsunfähig, stört es den gesamten Ablauf des Systems. Nicht anders beim menschlichen Körper. Da jedoch ein lebendiger Organismus wachsen und sich erneuern kann, und vor allem sich balancieren muss, vermag er Fehlsteuerungen rasch auszugleichen. Auf falsche Weise anhaltend balanciert und gehalten, bewirkt dies mit der Zeit jedoch schmerzhafte Strukturveränderungen und Bewegungseinschränkungen.

Bedenken Sie immer: Der Kopf wirkt auf die Füße und diese wieder auf den Kopf, die balancierende Steuerung erfolgt durch alle Gewebe und Organe der menschlichen Bewegungskette.

Ohne es ausführlich zu erklären, zeigen Ihnen schon Bilder die langen und vielseitigen Zusammenhänge der Gewebestrukturen, ohne die unsere Bewegungen gar nicht möglich wären. Schauen Sie sich auf den nachfolgenden Seiten konzentriert die Abbildungen einiger Muskelverbindungen im Unterschenkel mit den sehr langen Sehnen zum Fuß an. (Die Sehne der Großzehe reicht mit ihrem sehr hochansetzenden Muskel sogar in den Oberschenkel S. 79.) Sie werden

1. Unterschenkel mit Unterhautfaszie
2. Der Sohlenspanner *(M. plantaris)* reicht mit seiner langen Sehne und seinem Muskelanteil (a) sogar in den Oberschenkelknochen). b) Der oberflächliche Zwillingswadenmuskel *(M. gastrocnemius),* hier durchtrennt, ist mit dem tiefen Schollenmuskel *(M. soleus)* und der *Achillessehne* d) verbunden, deren Muskel unter der Kniekehle zu finden ist.

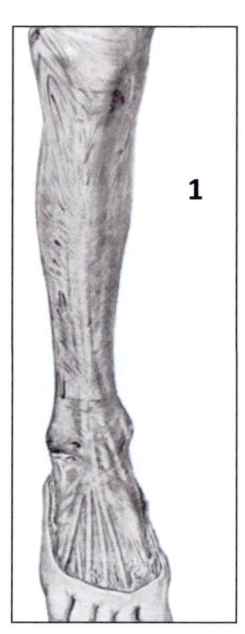

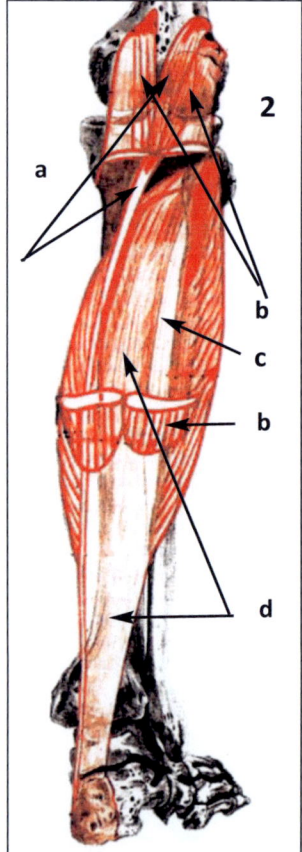

3. Der Abduktor und die Adduktoren (Pfeile rechts) des Großzehengrundgelenks müssen harmonisch zusammenarbeiten können, um das Quergewölbe zu sichern und um einen Zehenballen zu vermeiden.

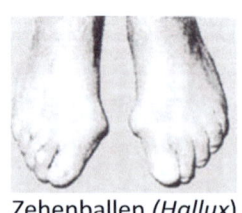

Zehenballen *(Hallux)*

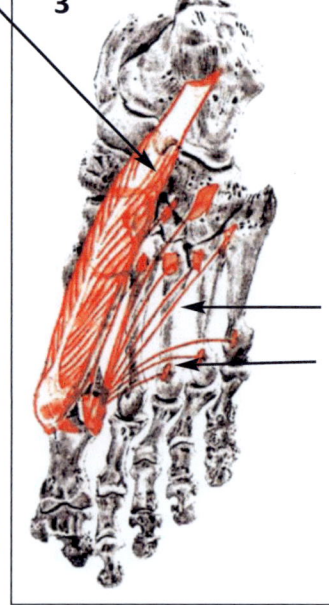

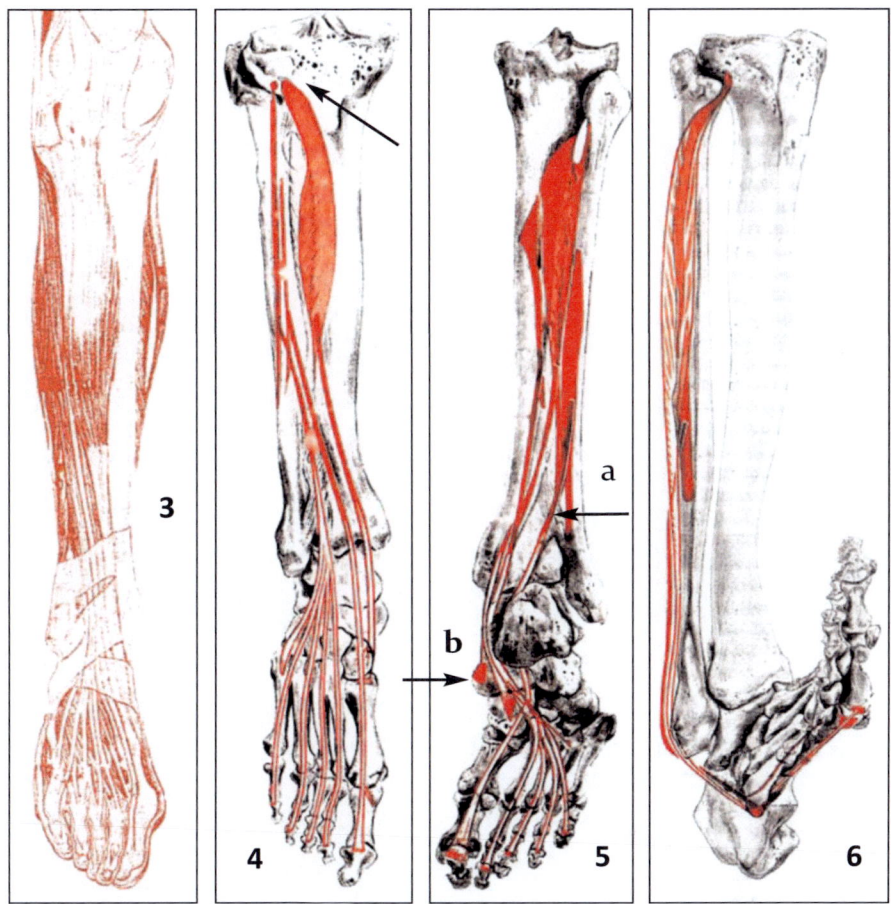

Beispiele von langen Sehnen des Fußes zum Unterschenkel
3. Oberflächliche Unterschenkelmuskeln der Vorderseite.
4. *(Dorsalflexion)* Beugen des Fußrückens. Die langen, tief verlaufenden Sehnen des vorderen Unterschenkels reichen von den Zehenspitzen und von einigen Fußwurzelknochen *(M. tibialis ant.)* mit ihren Muskeln bis zum äußeren Schienbeinknorren (Pfeil). (Bei besonderen Belastungen kann es zu schmerzhaften Ermüdungserscheinungen des Tibialismuskels kommen.)
5. *(Plantarflexion)* Sehnen der Fußsohlen: a) Sehne des Kahnbeinmuskels *(M. navicularis)* b) Sehne des Großzehenbeugers *(M. flexor hallucis longus)*. Dessen Funktion kommt vor allem beim Abrollen des Fußes zur Geltung.
6. Wadenbeinmuskeln /*M. peroneus longus und brevis)*, sie heben den äußeren Fußrand.

sich dann sicher leichter vorstellen können, dass ein Schmerz in der Ferse schon in der Kniekehle seine Ursache haben kann, ein Fußballen in einer unbalancierten Kniehaltung und/oder schwachen Wadenmuskulatur. Wie wir später aber noch lernen werden, vielleicht auch schon in einer gekippten und verdrehten Becken- oder Kopfhaltung, oder oftmals in einem stets gebeugten Körper.

7 a   **b**   **c**

Vor allem beim Sprung (7a), bei Tätigkeiten in gebeugter Haltung (7b,c), beim Treppen-, Bergsteigen und Radfahren, aber vor allem beim richtigen Gehen können wir spüren, wie sehr die über die Füße balancierenden **Unterschenkel kraftvolle, bewegliche Säulen** sind. Wird ihre Tätigkeit durch unvorteilhaften Einsatz behindert und überstrapaziert, erklären sich viele Gelenk- und Fußprobleme von selbst.

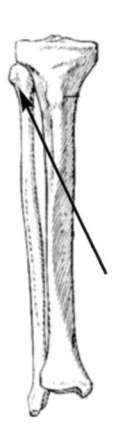

Noch eine Besonderheit weist der Unterschenkel auf. Da das Kniegelenk sich beim gestreckten Standbein aus Gründen der Stabilität nicht drehen darf, können Drehbewegungen nur bei gebeugtem Bein vollzogen werden. Dazu dient das Wadenbein, das keine Gelenkverbindung zum Oberschenkel, sondern nur zum Schienbein hat, das *Fibulaköpfchen*. Bei unökonomischem Einsatz des Unterschenkels kann es auch hier gerne zu Arthrosen kommen.

Eine Aufgabe des Wadenbeins ist es, die Balance in der Seitneigung des Fußes bei Bodenunebenheiten auszugleichen, indem es sich mit seinem Fußknöchel nach außen dreht, physiologischer Hohlfuß, oder nach innen, physiologischer Senkfuß. (s. Abb. S. 76, S. 80 b))

pathologsche Fußbewegungen:
Fuß nach innen gekippt,
Fuß nach außen gekippt
Unterschenkel nach außen gedreht.

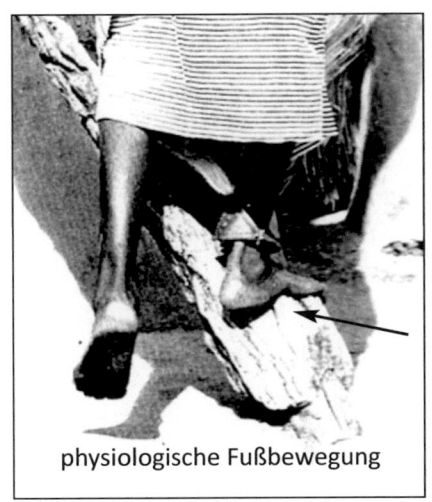

physiologische Fußbewegung

Beachten Sie bei den nachstehenden Aufnahmen die Veränderungen der Wadenmuskeln.

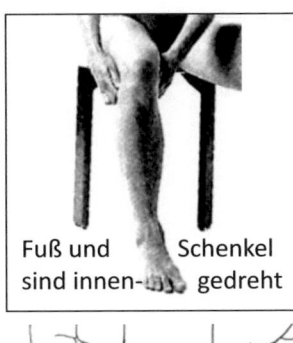

Fuß und Schenkel sind innen- gedreht

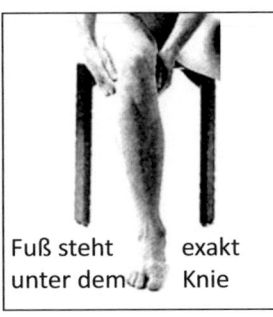

Fuß steht exakt unter dem Knie

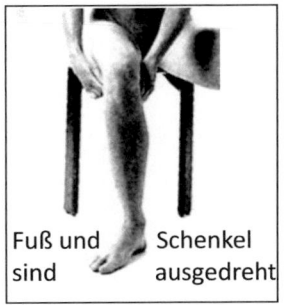

Fuß und Schenkel sind ausgedreht

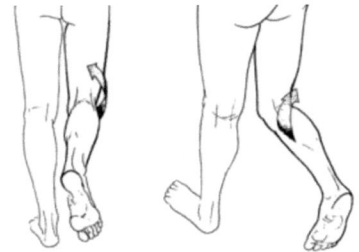

Außen- und Innendrehung: Unterschenkel links Hüftbeugung, rechts: Unterschenkelbeugung

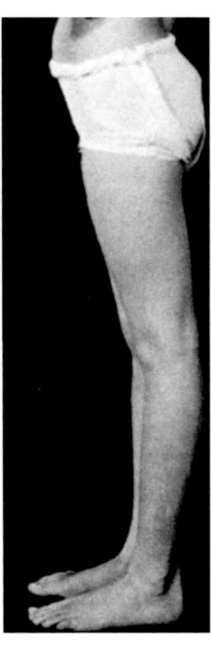

Überstreckte Knie aufgrund schwacher Wadenmuskeln. Das Becken ist gezwungen, nach vorne zu kippen. Schwierigkeiten für die Wirbelsäulenaufrichtung und die Fußbelastung.
(s. auch Abb. S. 67 oben)

rechts: Beschreibung auf der nächsten Seite

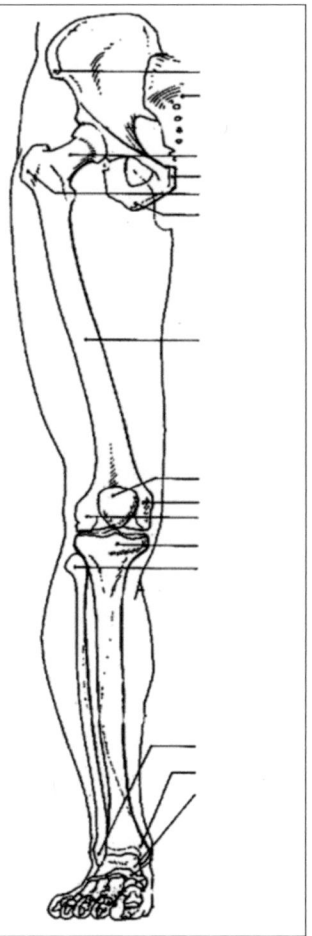

16 Einige Worte zu den Knien

Jede Bewegung zeigt, dass die Beine und Arme keine steifen Stöcke sind, sondern die oberen und unteren Gliedmaßen zwar durch interessante Gelenke beweglich mit einander verbunden, aber in ihrer fließenden Beweglichkeit abhängig von einer individuellen Körperhaltung sind. Vor allem, wie sich die Achsen der Gelenke, besonders die der Knie, zum Gesamtkörper verhalten: dies hängt nicht alleine von der Funktion der Hüft- und Fußgelenke ab. Es kommt darauf an, wie Sie Ihre Beine und Füße benutzen, was eine Sache Ihrer bewussten Steuerung ist. Für manche mag es anfangs nicht so leicht sein, dies zu merken und zu verändern. Doch es lohnt, sich darauf zu konzentrieren, wenn man leicht gehen und sich beschwerdefrei bewegen möchte.

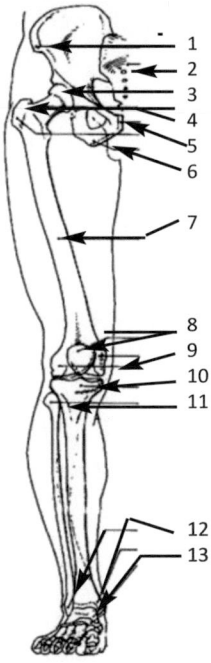

Drei Gelenke bestimmen die Bewegung des Beines: das Fuß-, das Knie und das Hüftgelenk: im weiteren Sinne aber auch die Stellung und die Bewegung unseres Beckens, der Einsatz unserer Arme und die Kopfhaltung. Das kann viele Fehlstellungen und Beschwerden auslösen. Die meisten Bein- und Fußprobleme werden mechanisch hervorgerufen durch fehlgerichtete Druck- und Kraftübertragungen auf die Gelenke und damit einhergehende unvorteilhafte Balancen.

1 - Darmbeinstachel (Spina), 2 - Kreuzbein, 3 - Hüftgelenkkopf, 4 - großer Rollhügel (Trochanter), 5 - Schambein, 6 - Sitzbein, 7 - Oberschenkelknochen, 8 - Kniescheibe, 9 - Schenkelknorren, 10 - Kniepfannen, 11 -Schienbein, 12 - Fußknöchel, 13 - Sprunggelenk.

Obwohl früher Menschen körperlich schwerer gearbeitet haben (s. S. 40 oben, S. 90), gibt es heutzutage mehr Knieprobleme denn je. Knieoperationen häufen sich. Es wird behauptet, die

Knie seien zu großen Belastungen ausgesetzt. Eher müßte man feststellen, sie werden zu wenig oder falsch gefordert. Pro und Contra wollen wir nun untersuchen.

Inkompetente Knieführung beeinflusst alle Muskeln und Strukturen der oberen und unteren Regionen des Bewegungsorganismus nachteilig. Die moderne Zivilisation fördert unsere mangelhaften Bewegungen ebenso wie vieles Sitzen. Muskeln und Bänder schwächen sich ab, das großartige vielseitige Bindegewebe des Körpers, dazu gehören auch die Gelenkknorpel, werden unterversorgt.

Der durch die Evolution sich entwickelte aufrechte zweifüßige (bipede) Gang des Menschen hat den Fuß zu einer Doppelfunktion entwickelt. Zum einen verlagert er eine Menge der Körpermasse bei der Bewegung im Stand, zum anderen ermöglicht er den dynamischen Ablauf des Schreitens, um den Körper in die Gänge zu bringen. Dies setzt für ihn nicht nur Widerstandkraft, sondern auch eine erhöhte Flexibilität voraus. (s. K. 14)) Staunen Sie nun, denn der vergleichsweise kleine Fuß besteht aus nicht weniger als 26 Knochen unterschiedlicher Größe, 31 Gelenken mit seinen vielen Bändern und Kapseln, sowie 20 ihm eigene Muskeln, dazu noch Schleimbeutel. Doch wie schon erwähnt, bei den meisten Mitmenschen sind die Füße deformiert und die Gelenke oft recht steif und unbeweglich.

Nachdem Sie sich schon die Hüftgelenke, die Arbeit der Füße sowie deren Strukturen bewusster gemacht haben, konzentrieren Sie sich jetzt vermehrt auf die Knie, denn diese müssen die Bewegungen von den Füßen zum Becken und umgekehrt **übersetzen.** Durch diese gegensätzlichen Bewegungsabläufe erleidet das Knie sehr oft Beschädigungen in seinem Funktionsablauf.

Das ständig durch Rotationen aktivierte und Kraft auffangende und trotzdem sehr bewegliche Hüftgelenk wird durch die starken Beckenknochen in der Führung stabilisiert. Es ist vor allem für die aufrechte Haltung und einen leichten Gang nötig. Im Gegensatz dazu werden die für die Arme und den oberen Brustkorb erhöhte Beweglichkeit der Schultergelenke durch Muskeln gesichert.

Das Kniegelenk jedoch benötigt für seine ungefährdete Funktion starke und elastische Bänder wie Muskelsehnen. Trotzdem weist es von den Beingelenken die geringsten Bewegungsmöglichkeiten auf. Besonders, wenn seine Gelenkachsen unvorteilhaft aufeinanderstoßen, werden Körperbalancen schwierig und anstrengend. Deshalb muss man wirklich verstehen, dass die meisten Bein-, vor allem aber Knieprobleme, mechanisch ausgelöst werden. (S. auch K. 15)

Die meisten Menschen haben sich noch nicht verinnerlicht, dass das Gehen aus dem Becken erfolgt. Dabei wird das Becken über das Standbein gedreht, die Füße bleiben geradeaus gerichtet. Das Knie als Scharniergelenk beugt und streckt das Bein, dies vor allem beim Schwungbein während des Gehens: es ist also kein Drehgelenk!

Die Drehung des Beins erfolgt aus dem Hüftgelenk und über die sich verändernde Fußbewegung des Sprunggelenks. Das gestreckte Bein garantiert mit dem fixierten Knie eine stabile Stütz- und Tragefunktion, wohingegen das gebeugte Knie die Beweglichkeit erhöht. Diese für Statik und Dynamik bedeutungsvollen Aufgaben machen das Kniegelenk empfindlich und sehr anfällig bei Fehlbelastungen.

Anatomisch gesehen hat das Kniegelenk ausladende Knochenenden des Oberschenkels, denen gegenüber flache und breite Pfannen des Schienbeins stehen. Die dazwischen liegenden Menisken wirken wie Lager und verfügen über eine große Verformbarkeit. Die Bändersicherung wird umhüllt von einer starken Gelenkkapsel. Sie ist auch für die Ernährung des Gelenkknorpels zuständig, denn sie produziert die Gelenkschmiere, da der Knorpel weder über Blut- noch Lymph-

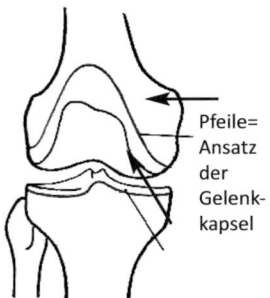

Pfeile= Ansatz der Gelenkkapsel

gefäße verfügt. Durch fehlgeleitete Muskelkontraktionen und Spaltverengung (s. S. 59), meist durch unvorteilhafte Stellungen der Gelenkachsen ausgelöst, können sich Arthrosen und Destruktionen des Knorpels entwickeln, denn dann kann die Gelenkschmiere nicht ausreichend in den Spalt eindringen und den Gelenkknorpel durchdringen.

Laborversuche haben gezeigt, dass die Nährflüssigkeit nur durch eine kontinuierliche Be- und Entlastung der Knie, durch wechselweise Spannung und Entspannung der Kapseln, optimal in den Knorpel einwandert und aufgenommen werden kann.

Es besteht ein Gesetz im Körper: Form und Funktion bedingen sich. So reagieren die Gelenke schon nach kurzer Beanspruchung mit morphologischen Veränderungen. Der Knorpel vor allem nach anhaltender Bewegung, beispielsweise bei längerem Gehen und bei Wanderungen. Die hyaline Knorpelsubstanz stellt durch Wassereinlagerung eine Vernetzung her, nimmt dadurch einen größeren Raum ein. Es bildet sich ein Gel großer Viskosität, das sehr stabil und elastisch ist. Der Knorpel kann sich bei großer Belastung bis zu 12% verdicken, bildet also zusätzlich puffernde und gelenkschonende Eigenschaften stoßempfindlicher, stark beanspruchter Gelenke, wie etwa den Knien. Er schwillt ab, sobald er sich erholt hat. **Mangelnde Bewegungen lassen den Knorpel austrocknen und machen ihn verletzungsanfällig.**

Die Knochen und somit auch deren Knorpel gehören zum passiven Bewegungsapparat. Sie sind abhängig vom Zug und Druck, ausgelöst durch Bewegungen der Bänder, den Muskelsehnen und des Bindegewebes. Den Knochen können wir keine Schuld geben, wenn sie degenerieren. Kommt ein Patient mit schmerzhaft verdicktem Knie in die Praxis, können wir seinen Zustand meist schon verbessern, wenn wir die Muskeln, Sehnen und Bänder, die auf das Knie einwirken, entspannen. Anschließend muss der Leidende lernen, die Statik und Bewegung seines Knies zu ändern.

Die Oberschenkelmuskeln sind sehr stark, müssen sie doch den Menschen tragen, oft noch mit schnellen Bewegungen oder mit großer Kraftübertragung.

Die hinteren Oberschenkelmuskeln, englisch als *Hamstrings,* medizinisch als *ischocruale* Muskeln bezeichnet, gehören zu den stärksten Muskeln des Menschen überhaupt. Sie beginnen am Sitzbein (*ischium*) und ihr Ansatz findet sich beidseits am seitlich vorderen Unterschenkel (*crus, plural crura*) und begrenzen somit die Kniekehle. Es sind zweiköpfige Muskeln, d. h. sie bewegen das Becken in der Streckung und in der Rückführung das Bein, sowie den Unterschenkel bei einer Beugung. Sie haben sehr starke und lange Sehnen.

Ansatz der Ischiocrualen am Sitzbeinhöcker

Die Ischiocrualen sind durch sitzende Tätigkeiten, falsches Stehen, mangelhaftes Gehen und vielerlei Sportarten bei den meisten Menschen chronisch verkürzt und rufen Gelenkprobleme auf den Plan.

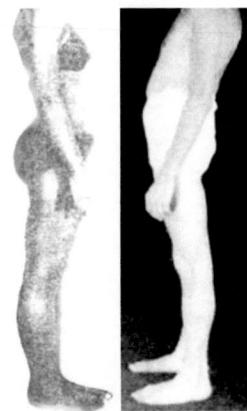

li. Überstreckte Knie, nach vorne gekipptes Becken = Hohlkreuzbildung; re. auf die Vorderfüße vorgekipptes Becken, zurückgezogener Buckel.

Verkürzte *Ischiocruale* chronisch verdickt bereiten Sitzprobleme: die Beine werden übereinder geschlagen (negative Auswirkung auf die Wirbelsäule). Im Sitzen werden die Knie unvorteilhaft gehalten. Beim Stehen kippt das Becken nach vorne und das Gehen erfolgt nur aus den Knien statt aus dem Becken. Wird das Becken beim Stehen nach vorne gekippt, wird das Hohlkreuz überlastet. Die Gelenke sind nie bequem, sie fühlen sich zu kurz, eng und gepresst an, dazu werden sie noch unvorteilhaft gedreht. Das Vorwärtsbeugen des Beckens aus den Hüftgelenken gelingt nur mit Anstrengung und nicht ausreichend. In diesem Fall rotieren die Gesäßmuskeln zurück, anstatt sich zu weiten. Letzteres aber ist wichtig, um sich aus dem Bücken wieder aufzurichten (s. S. 60).

Zu den Antagonisten der *Ischiocrualen* gehören auf der Vorderseite des Oberschenkels der vierköpfige Schenkelstrecker *(M. qudriceps femoris)* mit der in der Sehne eingebetteten Kniescheibe. Sie kann in ihrem Umfeld durch Fehlbelastungen des Beins so verklebt sein, dass sie keine ordentliche Führung mehr zulässt.

Zu erwähnen sind drei Muskeln, die am wichtigsten für die Beinführung beim Gehen sind, und die fehlorganisiert zu erheblichen Knieproblemen führen können: der Schneidermuskel *(M. sartorius),* der schlanke Muskel *(M. Gracilis)* (s. K. 1), des vorderen Oberschenkels und der Halbsehnenmuskel der Ischiocrualen *(M. semitendinosus)*. Sie alle setzen am *Pes anserinus* (Gänsefüßchenansatz), am inneren Anteil des vorderen Schienbeins an.

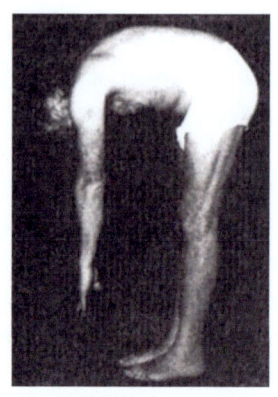

Die Hüftgelenkbeuger und die Ischiocrualen sind verkürzt. Deutlich ist die Anstrengung dieser Muskeln zu erkennen. Die Beugung im Hüftgelenk kann nicht ausreichend vorgenommen werden.

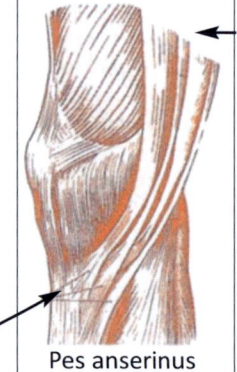

Pes anserinus

oben: *M. sartorius,* mittig: *M. gracilis,* unten: *M. semitendinosus*

Beim Schneidersitz verkürzt der Sartorius oft mehr auf einer Seite als auf der anderen. Dadurch wird das Becken gedreht und ein Sitzbeinhöcker mehr belastet. Wenn der Gracilis (längster Beinmuskel zur Mittelachse) und Sartorius (längster Beinmuskel überhaupt) zusammenkleben, verdickt sich die Innenseite des Knies (häufig anzutreffen), die Bewegungsachse vor und zurück des Beins geht verloren, das Knie dreht sich nach innen (s. S. 85).

Wir wiederholen, dass sich ein Kniegelenk nur im gebeugten Zustand drehen kann, dabei bewegt

Ernst Barlach Singender Mann:

sich der Oberschenkel aus dem Hüftgelenk nach außen, der Unterschenkel wird durch das Schienbein (*Tibia*) gegen den Oberschenkel geführt und dreht nach innen. Bei übertriebener und heftiger Innendehnung des Unterschenkels, zum Beispiel bei sportlichen Aktivitäten, besonders beim Fußball, kann es zu Verletzungen eines der Kreuzbänder und zu einer Seitenbandschädigung kommen. Das geschieht meist, wenn das Standbein fixiert bleibt und das gebeugte Spielbein bei der Bewegung das Becken nicht mitführt.

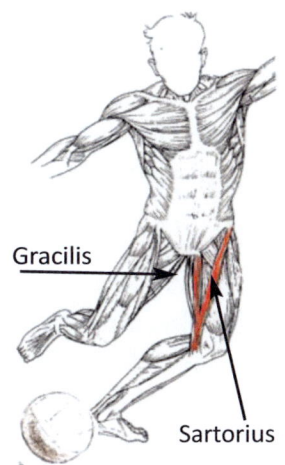

Das zeigt: Bewegungen sollten immer aus dem ganzen Körper heraus erfolgen, um Gelenke, ganz gleich welche, zu schonen.

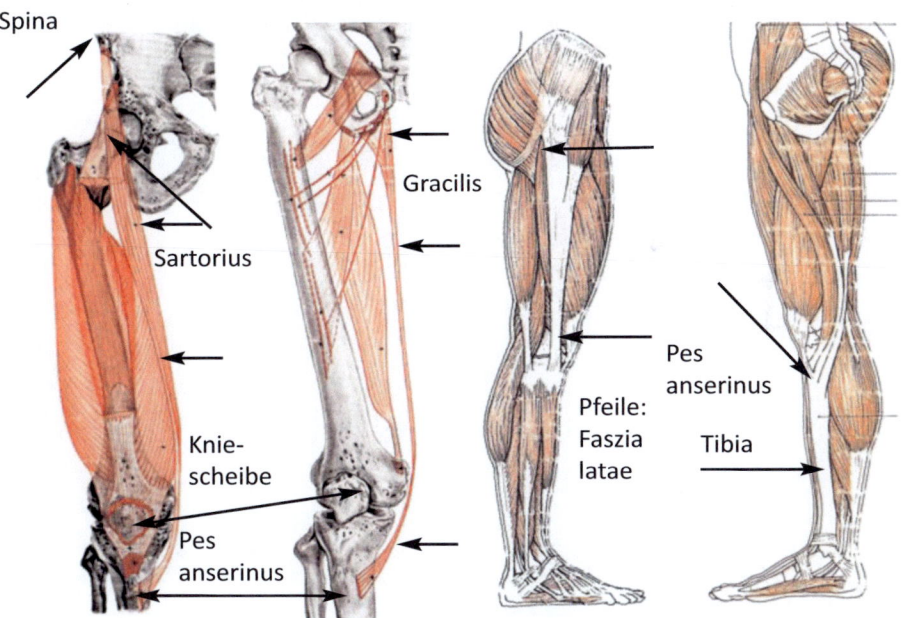

Aus diesem Grund lege ich beim Kin-hin (Zen im Gehen) immer besonderen Wert auf absolute Präsenz, wenn Du Deine Füße auf den Boden aufsetzest. Laufe wie ein Tiger im Dschungel, lautlos mit sicherem Schritt, den Schwerpunkt in den Unterleib verlagert. Sei voller Energie und

Stabilität und bleibe doch gelöst und entspannt. Nimm ganz bewusst die Berührung der Fußsohlen mit dem Boden wahr. Stirb hinein in jeden Schritt. Denke nicht an den vorangegangenen und nicht an den nachfolgenden. Wesentlich ist nur dieser eine Schritt, und dann dieser Schritt – und sonst nichts. Nur dies.

Den Weg zu gehen bedeutet, sich auf die Wirklichkeit des Hier und Jetzt einzulassen. Denn da die Wirklichkeit die allumfassende Ganzheit ist, umfasst sie alle drei Zeiten - Vergangenheit, Gegenwart und Zukunft. Das ist das „Jetzt". Hier fällt alles in einem Punkt zusammen.
(Zen-Meister Zensho W. Kopp)

Der Hammer ist eine Verlängerung des Arms. Der Arbeiter beugt sich optimal in den Hüftgelenken, was seine Aufrichtung leicht macht und die Kniegelenke schont. Auf diese Weise nutzt er die Hebel- und Schwungkraft vorzüglich aus. Muskelkraft wird ökonomisch eingesetzt.

17 Das bewegte Becken

In den meisten Fällen sind wir uns nicht bewusst, dass das Becken Dreh- und Angelpunkt der körperlichen Bewegung ist. Es wird vom Kopf und von allen Gliedmaßen beeinflusst. Andererseits verändert eine modifizierte Beckenstellung die Achsen der Wirbelsäule, des Kopfes und der Glieder. Sie können es gleich selber herausfinden.

*Stellen Sie eine Schüssel auf den Tisch und verschieben Sie den Boden in die verschiedenen Pfeilrichtungen. Stellen Sie sich nun vor, der Boden ist Ihr **Beckenboden**. Wenn Sie das Becken kippen, rutschen die Organe in eine Richtung.*

Übung: Sie stehen in der Grundstellung.
Verschieben Sie nun Ihren Beckenboden in die verschiedenen Pfeil-Richtungen.
*Damit sich der restliche Körper nicht unnötig gegenbewegt, machen Sie langsam **kleine, aber gleichmäßige** Beckenverschiebungen in die verschiedenen Pfeilrichtungen.* Dann können Sie Ihren Leib besser wahrnehmen.
Beachten Sie den Einfluss des Beckens auf Kopf, Hals und die Wirbel, auf den Schultergürtel mit seinen dranhängenden Armen, und auf die Belastung Ihrer Beine und Füße!

Wer im Sehen geübt ist, wird sofort auf einem Foto feststellen, ob eine Beckenstellung des Fotografierten aus einer augenblicklichen Bewegung heraus entstanden ist, oder ob wie hier eine schlechte Gewohnheit eingenommen wird.

Bewegungen werden aus der Peripherie bestimmt: Die Hände wollen etwas tun, mit den Füßen verändern wir den Standort, verlagern wir, nicht anders wie mit dem Kopf, unser Gleichgewicht. Die Sinnesorgane bewegen den Kopf, durch diesen wieder die Wirbelsäule. Ein bewegliches Becken reagiert darauf. Mit seinen starken Knochen, Bändern und Muskeln gibt es uns Halt, indem es auch die Aktivität des Bindegewebes, der Faszien, anregt.

Aber wie verhält es sich, wenn wir uns setzen? In diesem Augenblick ist das Becken mit seinen sehr sinnlichen Beckennerven Initiator der Bewegung. Und wenn wir uns wieder aufrichten und hinstellen, führt der Kopf, sind es die starken Gesäßmuskeln des Beckens und die führenden Ischiocrualen, die uns noch oben treiben. **Auf keinen Fall die Knie!** die richten sich ohne Anstrengung von selber aus.
Achten Sie darauf, dass die Knie beim Setzen genau über den Sprunggelenken stehen. Sie müssen also das Gesäß weit genug nach hinten ziehen!

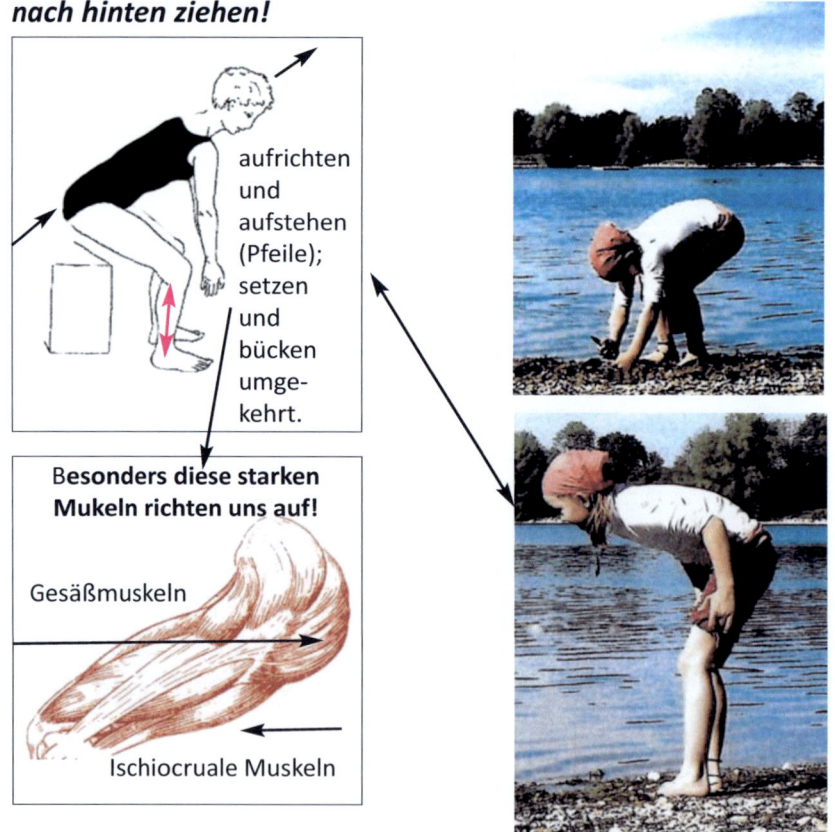

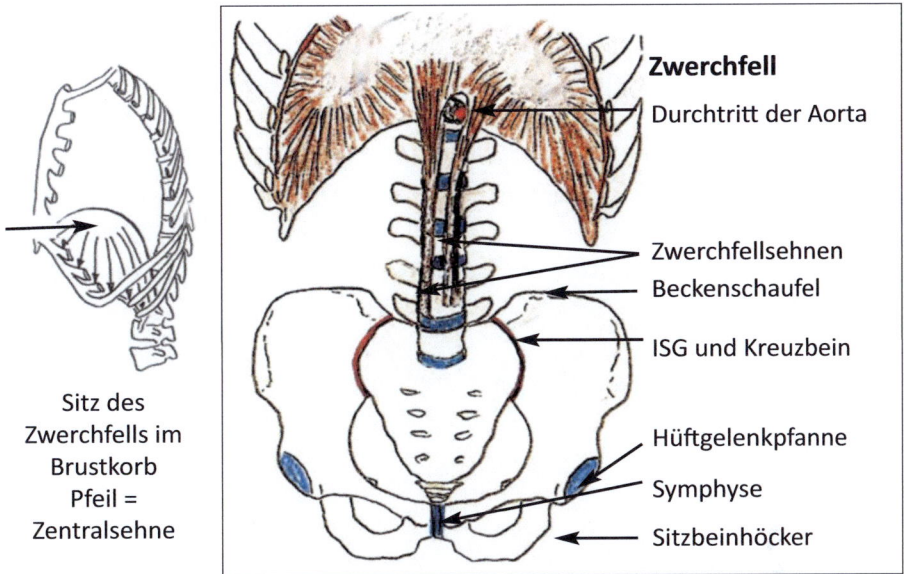

Sitz des Zwerchfells im Brustkorb
Pfeil = Zentralsehne

Zwerchfell
Durchtritt der Aorta
Zwerchfellsehnen
Beckenschaufel
ISG und Kreuzbein
Hüftgelenkpfanne
Symphyse
Sitzbeinhöcker

Jeder Atemzug ist eine totale Körpererfahrung. Bei einer guten und richtigen Atmung wird die gesamte Wirbelsäule bewegt. Man kann es spüren, wenn man die Fingerspitzen auf die unteren Lendenwirbel und oberen Kopfgelenke legt. Die Zwerchfellbewegung wirkt sich nicht nur vom Steißbein bis zur Schädeldecke aus. Ebenso sind Rippenkorb, Brustbein und der Schultergürtel mit den daran befestigten Armen involviert. Eine tiefe Atmung sind für Lunge und Herz unabdingbar. Die Atemausdehnung durch den Zwerchfellmuskel übertragen sich auf den Bauchraum und massieren die Organe, reizen feinsinnig die Hüftgelenke. Wer aufmerksam ist und frei atmet, wird sogar eine Mitbewegung in den Finger- und Fußspitzen wahrnehmen. Mangelhafte Atembewegungen lösen viele Rückenschmerzen und krankmachende Prozesse aus.

Atmen ist zwar ein autonomer Akt, trotzdem können wir die Atmung durch eine achsenbezogene Haltung und verbesserte Bewegung, durch fließendes, leichtes Gehen, um ein Vielfaches verbessern. Es ist erschreckend zu beobachten, wie unzureichend Menschen atmen: durch allzu viele sitzende Tätigkeit, Übergewicht, durch ein erstarrtes und fixiertes Muskelsystem. Über den Einfluss der Atmung auf unsere Gesundheit, vor allem auf unsere Herztätigkeit, habe ich ausführlich in meinem Buch *„Balance und Haltung"* berichtet.

Versuchen Sie nun zunächst durch Übungen auch die Wirbelsäule mit Ihrer Beckenverbindung geschmeidiger zu bekommen.

Übung: Nehmen Sie den Vierfußstand ein. Die Wirbelsäule mit Kopf und Becken sind gestreckt, und Sie schauen auf den Boden.

1. Heben Sie beim **Einatmen** den Kopf und schauen Sie geradeaus auf den Horizont.
Wenn Sie noch nicht ganz erstarrt sind, wird sich das Becken vom Kreuzbein aus ebenfalls heben, der Bauch sinkt locker zu Boden.

2. Nun lassen Sie beim **Ausatmen** den Kopf mit dem Nacken ganz leicht sinken und schauen zu den Füßen. Dabei wird sich auch das Becken von der Wirbelsäule aus runden.
Drücken Sie dabei sanft mit den Bauchmuskeln den Rumpf zur Zimmerdecke, bis Sie einen Katzenbuckel bekommen.

Wiederholen Sie die beiden Bewegungen abwechselnd auf leichteste Weise, so oft Sie Lust dazu verspüren. Sie werden bemerken, das Strecken und Runden der Wirbelsäule wird Ihnen immer größer und geschmeidiger gelingen und wohltun.

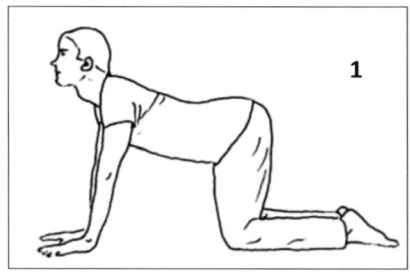 

Der Hund wackelt mit dem Schwanz
Um ein bisschen lustig zu werden, spielen Sie nach den Übungen wie folgt: Heben Sie wie auf Bild 1 einen Fuß mit seinem Unterschenkel zur Zimmerdecke, bis Ihr Bein auf dem Knie ruht. Nun wackeln Sie mit dem Unterschenkel hin und her, wie ein Hund, der mit dem Schwanz wedelt. Ganz leicht: Kopf und Rumpf folgen dem Bein in die Gegenbewegung. Nach einer Weile das Bein wechseln.

Jetzt die vorangegangenen Übungen im Stehen ausführen:

Übung: Sie stehen aufrecht in der Grundstellung
1. Heben Sie die Arme, die Ellenbogen auf Schulterhöhe, die Unterarme angewinkelt. Währendl Sie zur Zimmerdecke schauen **(einatmen)**, ziehen Sie den **Schultergürtel** ganz leicht nach rückwärts, der Brustkorb und die Wirbelsäule strecken sich.
Beachten Sie, wie das Becken etwas nach vorne kippt, das Steißbein sich nach hinten hebt.

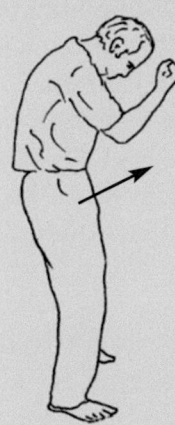

2. Nehmen Sie nun die Arme vor den Brustkorb, schauen hinab zu Ihren Füßen **(ausatmen)**. Das Becken kippt nach hinten. Die unteren Lendenwirbel runden sich.
Stellen Sie sich vor, der Hund zieht seinen Schweif nach vorne zwischen die Lenden.
Beachten Sie: *In beiden Übungen sind die Finger der Hände nur ganz locker eingerollt.* Verbinden Sie die beiden Bewegungen als ein Ganzes einige Male.
Sie bewegen das Becken nur ganz leicht und weich vor und zurück, schauen zur Zimmerdecke und wieder zu Boden. *Es sollen dies keine anstrengenden gymnastischen Übungen sein, sondern nur leichte fließende Bewegungen.*

Mit dem Schwanz wackeln: Nehmen Sie nacheinander eine der Stellungen wie oben ein. Verlagern Sie langsam Ihr Gleichgewicht auf ein Standbein und beugen Sie den anderen Unterschenkel nach hinten und bewegen ihn langsam nach rechts und links.

Somit können Sie prüfen, ob Sie Ihr Gleichgewicht schon ausreichend trainiert und „im Griff" haben. Wollen sich Ihre Ischiocrualen verkrampfen, so sind diese verkürzt. Verkleinern Sie den Winkel des gebeugten Beines. Mit der Zeit wird Ihnen alles leichter fallen.

Weitere Beckenübungen in Verbindung mit der Zwerchfellatmung:

Bei diesen Übungen können Sie besonders nachfühlen lernen, wie die Zwerchfellatmung mit den unteren Wirbeln und dem Becken eine Bewegungseinheit bildet.

1. Nehmen Sie vorsichtig die abgebildete Kauerstellung ein (vielleicht können Sie dabei auf den Fersen sitzen). Atmen Sie **viermal tief in den unteren Rücken.** *Spüren Sie dort die Atembewegung.*

2. Dann richten Sie sich **vom Hinterkopf aus** auf und nehmen beim Einatmen die Arme vorne nach oben.

3. Die Hände zur Zimmerdecke gestreckt, den Blick zum Horizont, atmen Sie aus und wieder ein.

4. Beim erneuten **Ausatmen** senken Sie wieder den Kopf zu Boden und ziehen gleichzeitig die Arme nach hinten und ...

5. zurück in die Kauerstellung. Atmen Sie wieder viermal in den unteren Rücken.

Wiederholen Sie die gesamte Bewegungskette verschiedene Male.
Achten Sie dabei auf die genaue und rhythmische Ein- und Ausatmung!

Machen Sie ganz leichte und fließende zusammenhängende Bewegungen.

18 Spirale

In meinen jungen Jahren wanderte ich einmal ziellos in Österreich, erreichte unerwartet eine Art Burgschloss. Dort war im Augenblick kein Mensch anzutreffen. Zu meiner Überraschung saßen auf Baumstämmen fünf wunderschöne, für mich fremde Vögel, die mich alle aufmerksam anschauten.

Irgendetwas erschien mir jedoch befremdlich an ihnen. Ich erkannte schließlich warum. Sie alle hatten ihren beachtlichen Schnabel zum Rücken gedreht, der eine Linie mit der Schwanzspitze bildete. Später erfuhr ich, dass es Falken waren, die ihren Kopf um 180° drehen können, und zwar deshalb, weil sie 15 Halswirbel besitzen; wir Menschen verfügen dagegen nur über sieben. Trotzdem können wir über ein Sehfeld von 420° verfügen, ohne dass wir mit unseren Füßen den Boden verlassen müssen. Wir sind fähig, mit der langen Wirbelsäule Kopf, Becken sowie über das Standbein-Hüftgelenk und Sprunggelenk des Spielbeins uns rasch nach beiden Seiten spiralig zu dehnen und zu drehen. Diese vorteilhafte Ausrichtung hat die Evolution dem Menschen geschenkt.

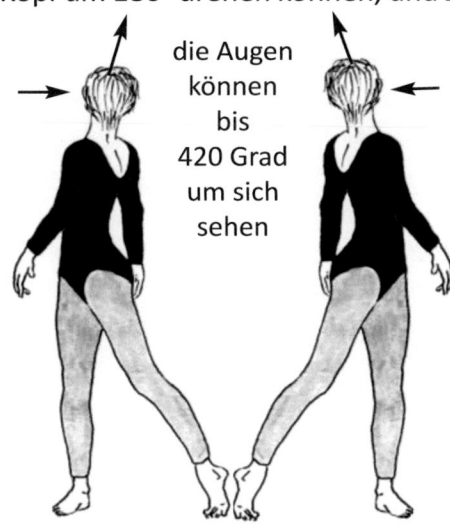

die Augen können bis 420 Grad um sich sehen

Wir stoßen uns mit dem Ballen in Richtung Schädeldecke. Dadurch verlängern sich die Muskeln; die Gelenke, vor allem der Wirbel, können sich öffnen.

Heute leben wir nicht mehr auf freier Wildbahn mit ihren hundertfachen Gefahren. Deswegen haben die meisten von uns diesen wunderbaren Drehsinn durch unsere Bewegungseinschränkung eingebüßt, den wir jedoch – vor allem für unseren aufrechten Gang – unbedingt benötigen. Aus dieser Beobachtung ist verständlich, warum Menschen so schwerfällig und anstrengend gehen, laufen und sich auch bewegen.

Tatsächlich ist nur der aufgerichtete Mensch fähig. seinen Schulter- und Beckengürtel in einem harmonischen Gegensinn um seine vertikale Achse zu drehen und zu schwingen. Dadurch werden die Gelenke bewegungsfrei, Faszien, Muskeln und Gelenkkapseln können sich schraubenförmig ausdehnen. Darüber hinaus können wir unsere Hände auch während einer Bewegung als Werkzeuge einsetzen.

Beherrschend in diesem Gemälde sind die strengen horizontalen Linien der Bilderrahmen, der Kommode, der Tapeten- und Teppichmuster, die zusammen mit den Vertikalen des rechten Standbeines und des Stuhlrückens eine Gliederung erzeugen. Eindeutig zu sehen ist aber auch der harmonische Gegensinn der gedrehten Körperachse von Rumpf und linkem Bein mit Becken.

Cézanne um 1877:
Portrait Victor Chocquet

Vorübung für die Spiraldrehung im Sitzen
Sie sitzen in der Grundhaltung **(Bild 1)**, Knie in einer Linie. Achten Sie darauf, dass sich die Knie genau über den Sprunggelenken befinden **(Bild 2)**, also nicht die Oberschenkel nach innen drehen.

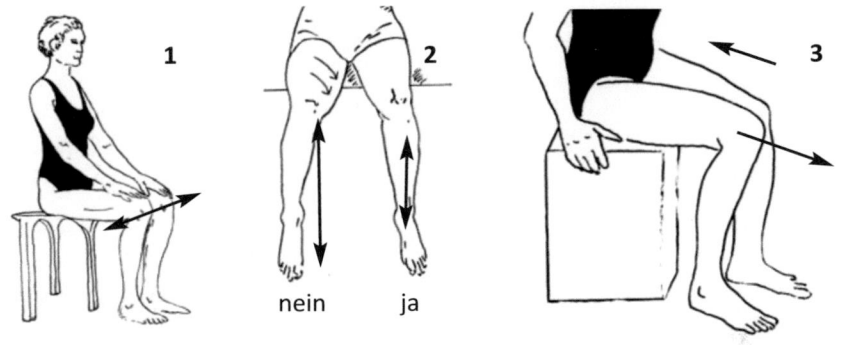

nein ja

Übung:
a) Nun schieben Sie dreimal das rechte Knie etwas vor **(Bild 3)**, dann das linke. Dann die Knie abwechselnd nach vorne schieben. Welche Seite läßt sich leichter bewegen?

b) Ziehen Sie anschließend mehrfach das Becken auf der Seite zurück, auf der sich der Oberschenkel schwerer bewegen lässt. Beobachten Sie, dass sich das andere Knie nach vorne schiebt. **Achten Sie darauf,** dass sich das Knie in der Konterbewegung über den Fuß bewegt und sich der Oberschenkel **nicht** nach innen dreht!

Sie nehmen also wahr, dass die Vorwärtsbewegung eines Oberschenkels von der Rückwärtsbewegung der Beckenseite auf der Gegenseite abhängig ist (Diagonaldrehung des Beckens).

Bei ungleicher Bewegung ist ein ISG fixiert. Üben Sie das Verschieben der Oberschenkel mehrere Tage ganz leicht, aber so oft wie möglich (im Büro, am Kaffeetisch, beim Fernsehen), bis das Vergleiten der Knie gleichmäßig, fließend und geschmeidig wird.

Das erleichtert schon die Gehbewegung. Denn ist ein ISG fixiert, wird der Gang hinkend (ein Schritt wird lang, einer kurz).

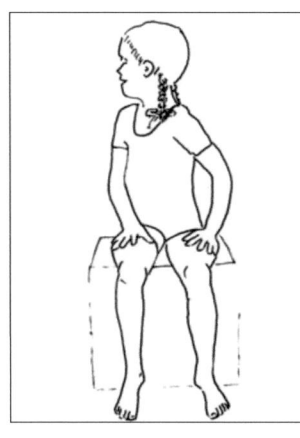

Beobachten Sie:
Das Kind dreht sich bei aufrechter, gerader Haltung, gelenkt von den Augen und dem Kopf, spiralig nach rechts, d. h. es verlängert seine Wirbelsäule und öffnet die Wirbelgelenke. Dabei bewegt sich die rechte Beckenseite nach hinten, das linke Knie schiebt sich nach vorne.
Sie bemerken, dass, um sich gut drehen zu können, bewegliche Hüftgelenke, Beckenschaufeln und ISG-Gelenke nötig sind.

Die Beweglichkeit des Beckens ist aber auch von der Beweglichkeit des Schultergürtels abhängig. Üben Sie nachfolgende Bewegungen öfters:

Übung 1
Falten Sie die Hände, strecken Sie die Arme und führen Sie die liegende Acht aus **(ohne je die Ellenbogen zu beugen).**
Spüren Sie, wie das Becken die liegende Acht in die Gegenrichtung mitvollzieht (ohne dass Sie diese Bewegung bewusst ausführen).

Übung 2
Beugen Sie den rechten Arm, die Handinnenfläche zeigt nach oben. Eine leichte linke Faust bilden, den Arm in Schulterhöhe heben und strecken. Ziehen Sie nun gleichzeitig den rechten Ellenbogen rückwärts, die Faust leicht vorwärts stoßen. **Beachten Sie die Beinstellung!**
Erst mit der einen Seite mehrmals üben, dann mit der anderen Seite.
Anschließend beide Seiten im langsamen Wechsel. *Beachten Sie die Drehung im Schultergürtel, in den Schulterblättern und der Wirbelsäule.*

19 Wie auf Wolken gehen

Machen Sie sich einfach mit der Vorstellung vertraut, dass durch die Evolution die Nervensteuerung für das Gehen noch weitgehend auf dem Vierfußgang beruht. Das bedeutet: Sie benötigen alle vier Gliedmaßen, um leicht und folgerichtig die einzelnen Gehstufen auszulösen. Besonders wichtig sind alle Glieder, um den recht schwierigen Balanceakt auf einem Bein während des Schrittwechsels und bei allen körperlichen Tätigkeiten gefahrlos zu vollbringen, ebenso, wenn wir die Sinnesorgane einsetzen. Viele Menschen verhindern eine geschmeidige Balance in der Spiraldrehung, weil sie sich innerlich versteifen.

Kinderleicht

solange man sich
auf die angeborenen
physiologischen
Bewegungsgesetze
einläßt.

Nun könnten wir hier an dieser Stelle recht umständlich komplexe Erklärungen physiologischer und anatomischer Art anführen, um Bewegungen transparent zu machen. Damit wären Sie als Laie wahrscheinlich überfordert. Soweit es der Sache dienlich war, sind Sie ein wenig damit und entsprechenden Abbildungen konfrontiert worden. Aber Sie wissen bereits: Sie haben die Fähigkeit, sich zu beobachten, sich wahrzunehmen und vorteilhaft zu lenken. Wir können alles auf einen einfachen Nenner bringen: **Wir beugen, strecken und drehen uns.** Sie erinnern sich, dass wir unsere Arme und Beine zum Körper hinziehen, sogar über die Körpermitte auf die andere Seite führen (*Adduktion*) können oder vom Körper wegbewegen, seitlich (*Abduktion*) nach vorne (*Flexion* = Beugen) und nach hinten (*Extension* = Strecken). Gelenke, die großen Röhrenknochen, das Becken, die Wirbelsäule sind mehr oder weniger drehbar.

Unproblematische, harmonische Bewegungen jeder Kombination setzen allerdings geschmeidiges Muskel- und Bindegewebe voraus, sowie frei bewegliche aber durch die Kapseln kraftvolle Gelenke. Haben Sie mit dem Buch bis hierher gut gearbeitet, konnten Sie weitgehend die Funktion der Muskeln und Gelenke erlernen, haben Sie Ihren Körperwahrnehmungssinn vorteilhaft geschult. **Bringen Sie sich die Übungen der vorangegangen Kapitel Nr. 12, 13, 14 und 15 noch einmal in sichere Erinnerung:**

Übung:
1. Heben Sie, erhobenen Hauptes, Ihr Bein gestreckt nach vorne, führen Sie es zu beiden Seiten und nach hinten. Beugen Sie auch mal das Knie und drehen Ihren Fuß in verschiedene Richtungen. *Denken Sie an Ihre Gewichtsverlagerung: Stehen Sie sicher auf dem Standbein? Spüren Sie die Arbeit Ihrer Muskeln, vor allem im Gesäß, im Bauch und Rücken, die Balancearbeit der Standbeinmuskeln und des Fußes? Wo können Sie die Fernwirkung des Beineinsatzes noch spüren (Schultern, Hals usw.) und wie erfahren Sie das Schwungbein?* **Wechseln Sie öfter das Standbein.**
2. Bewegen Sie einen Arm: nach vorne, hinten und zu beiden Seiten, wie auch gestreckt hoch zu Ihrem Kopf. Beugen Sie dabei den Unterarm und bewegen die Hand in verschiedene Richtungen! *Achten Sie auf Ihre Rumpf-, Nacken-, Schulterarbeit und spüren Sie die Auswirkungen bis hin zum gestreckten Becken und in die Füße.* **Arme immer wieder mal wechseln.**

Natürlich müssen wir unsere Körperachsen auch vortrefflich zur Seite neigen können! (Kopfgelenke s. S. 104).

Übungen

Links: Neigen Sie Ihren Kopf nur aus den oberen Gelenken nach rechts und links. Stellen Sie sich vor, Sie ziehen Ihr Kinn nach oben und das gegenüberliegende Ohr nach unten.

Rechts: Legen Sie einen Unterarm über den Kopf. Drücken Sie ihn gegen die an der Schläfe liegenden Hand. Dann ziehen Sie den Kopf mit den Halsmuskeln langsam zur gegenüberliegenden Seite. Einige Male, dann Seitenwechsel.

Unten: Heben Sie, wie das Kind, die Arme gestreckt über den Kopf. Beugen Kopf, Arme und Oberkörper zur Seite. Das Becken bleibt gerade in der Grundhaltung. Einige Male, dann wechseln.
Spüren Sie vor allem, wie sich auf der gedehnten Seite der Rippenkorb öffnet. Atmen Sie jeweils in die gedehnte Achsel ein.

Das Geheimnis guter Bewegung ist die **Verlängerung,** vorausgesetzt Bindegewebe, Muskeln, Sehnen sowie die Gelenkkapseln lassen dies zu. Das ist nur möglich, wenn unser Organismus nicht zu hoch gespannt, d. h. tonisiert ist, er somit aus einem entspannten Zustand heraus arbeiten kann. Dann sind die Gelenke geöffnet für freie

Bewegungen und werden nicht unnötig strapaziert. Aber auch in der Spirale verlängern wir unsere Körperachse (S. 97, 100), und zwar nach oben durch den Körper zum Scheitelpunkt.

Druck durch den Ballen auf den Boden, verlängert durch den Körper die Achse zum Scheitel und öffnet vor allem die Wirbelgelenke

Das gleiche geschieht hier durch den Druck auf die Ferse. Der Rumpf verlängert sich nach oben. Je besser die Streckung, desto leichter kann man sich in der Achse drehen und nach hinten schauen.

Durch die Dehnung (Verlängerung) der Muskeln und Weichteile sind nicht nur die Gelenke kompetent, sondern alle Gewebe werden zur Erneuerung gereizt. Nach vollendeter Tätigkeit kehren die Bewegungsorgane wieder in ihren Grundtonus zurück. Eine unphysiologische Körperhaltung macht diese wunderbaren Prozesse des Körpereinsatzes und seine Erholung unmöglich. Das Leben wird für uns unnötig schwer.

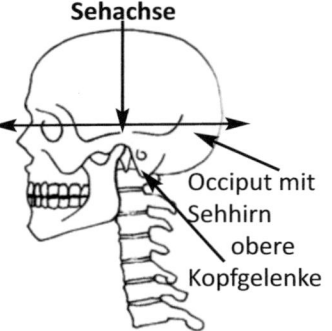

Sehachse
Occiput mit Sehhirn
obere Kopfgelenke

Aber wer hindert Sie daran, zukünftig alles leichter, fließender und bewusst besser zu machen, und zwar durch öfteres Üben, **bis die guten Bewegungen Ihnen ganz selbstverständlich und automatisch gelingen und konditioniert sind!** Sie lernen, sich beschwerliche Bewegungen abzugewöhnen und leichte anzueignen. Damit geht es Ihnen täglich wohler, bis Sie sich so fühlen, als würden Sie auf Wolken gehen.

20 Schwung des Schultergürtels

> Als Pendelbewegung während des Gehens benutzen manche lediglich die Unterarme – wie Klöppel. Es ist zu beobachten, dass solche Menschen auch nur aus den Knien heraus gehen. Andere setzen den ganzen Arm und folgerichtig auch das ganze Bein ein. Richtig wäre es aber, das Vorwärtsschreiten mit Becken und Schultergürtel zu gestalten. Wie gehen Sie?

Wir haben gelernt, dass wir im Grund immer noch Vierfüßler sind. Zwar haben wir uns in die Vertikale aufgerichtet, aber unser Nerven-Balance-System arbeitet so wie bei einem Vierfüßler. Nur ist das Balancesystem eines Zweifüßlers ungemein komplizierter.

Eine komplexe Einheit aus Skelett, Bändern, Sehnen, Faszien, Muskeln und Nerven benutzen wir bei jeder Bewegung. Die Änderung eines noch so kleinen Bestandteils zwingt das System, darauf zu reagieren. Beobachten Sie sich selbst und andere Passanten. Wer leicht und schwungvoll geht, macht es meist richtig, denn er kann seine Füße abrollen und federt mit seinen Sprunggelenken. Dadurch wird das Nervensystem in Kopf und Rückenmark vor Erschütterungen bewahrt, man ermüdet weniger. Eine gute wie eine unvorteilhafte Bewegung wird immer ganzkörperlich ausgelöst.

Versuchen wir nun die Bewegung des Schultergürtels während des Gehens zu ergründen. Wie bei den Beinen gelten auch für die Arme die unterschiedlichsten Bewegungsrichtungen. Der Unterschied ist der, dass das Schultergelenk vornehmlich der Bewegung dient, das Hüftgelenk muss vermehrt Kraft übertragen.

Innen- und Außendrehung des gestreckten Arms im Schultergelenk.

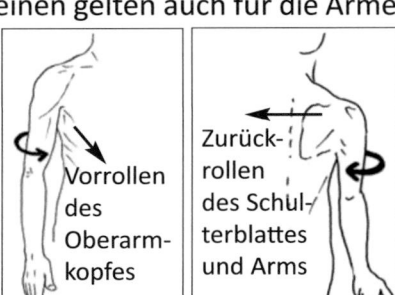
Vorrollen des Oberarmkopfes

Zurückrollen des Schulterblattes und Arms

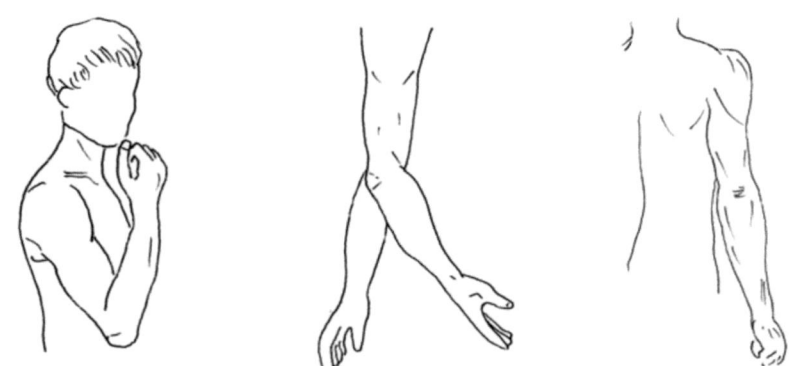

Arm gebeugt und aus der Beugung strecken. Arm im Ellenbogen gestreckt

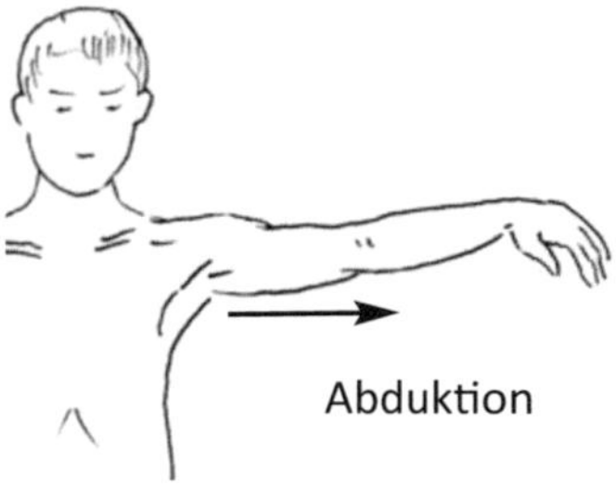

Abduktion

Adduktion

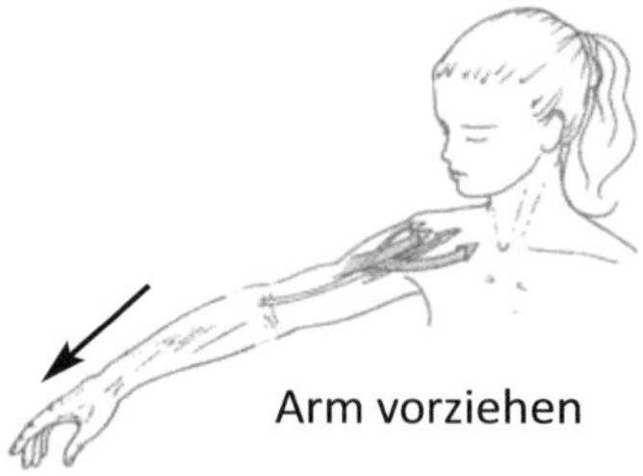

Arm vorziehen

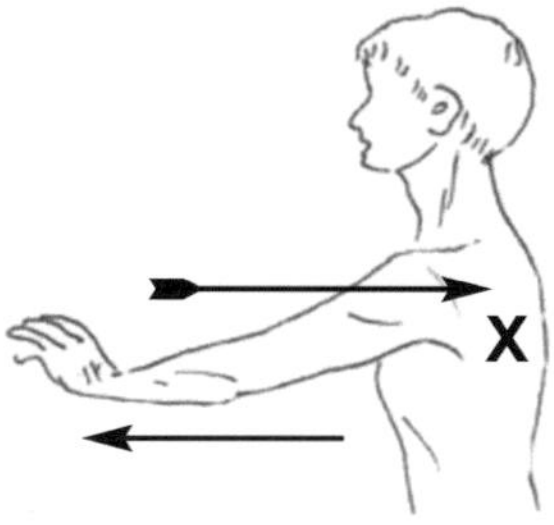

Armdruck nach vorne

Arme heben

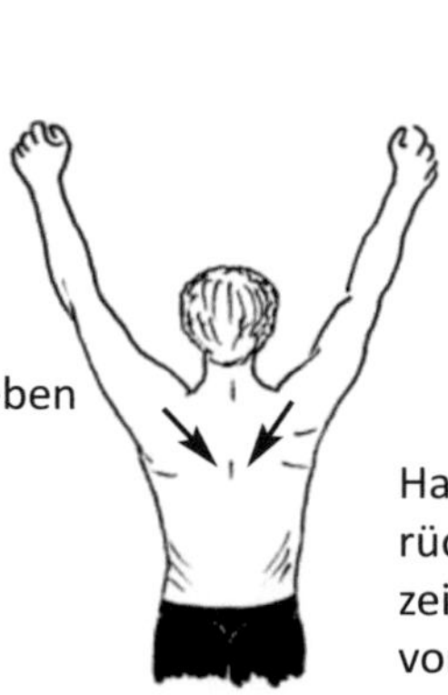

Handrücken zeigt nach vorne

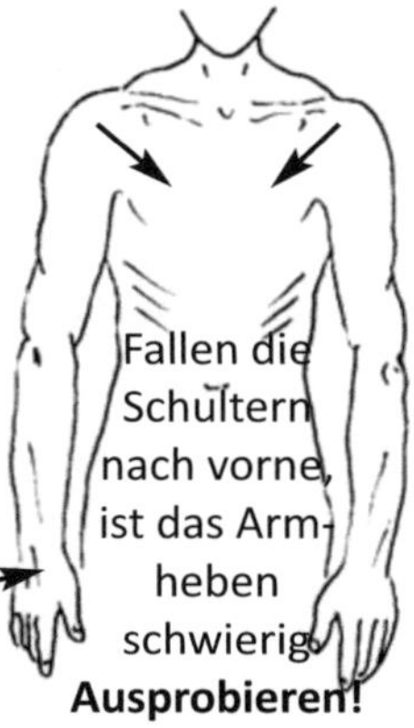

Fallen die Schultern nach vorne, ist das Armheben schwierig. **Ausprobieren!**

Bevor Sie fortfahren, machen Sie erst nachstehende Übungen zur Lockerung Ihres Brustkorbes.

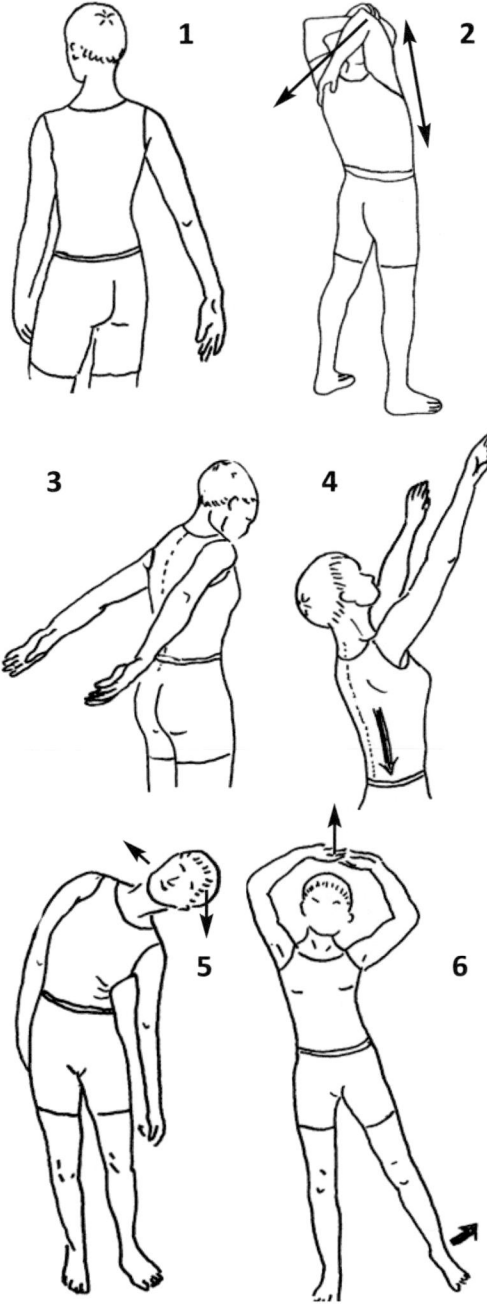

1. Handflächen zeigen zum Körper. Rechten Arm gerade nach hinten ziehen, **halten**. Arm drehen: Einmal zeigt die Innenhand, einmal die Außenhand zur Zimmerdecke. Dann Armwechsel einige Male.

2. Rechten Arm nach oben und den Unterarm nach hinten führen. Die linke Hand drückt **sanft** den Ellenbogen nach hinten, **halten**. Dann Ellenbogen gegen die Hand drücken. Einige Male. Arme wechseln. Becken **nicht** nach vorne schieben!

3. und 4. Arme nach hinten ziehen, die Handinnenflächen zeigen zueinander. Die Arme anschließend vor dem Körper hochheben, die Handrücken zeigen zueinande**r. Spüren Sie im unteren Rücken die Streckung.**

5. Oberkörper von der Kopfschläfe aus zur Seite neigen. Vom Hinterkopf aus aufrichten und zur Gegenseite neigen. Becken bleibt gerade!

6. Hände falten, Arme über den Kopf ziehen. Hände drehen, so dass die Innenflächen zur Zimmerdecke zeigen. Balance suchen, dann jeweils ein Bein **mit der Ferse** von der Körpermitte wegziehen. Entspannen. Mehrmals wechseln.

Beobachtet man Menschen beim Gehen, muss man feststellen, dass die meisten ihren Schultergürtel vernachlässigen, weshalb eine leichte, schwungvolle Bewegung nicht ausgelöst wird.

Die Wirbelsäule ist, wie wir wissen, keine starre Stange. Sie besteht aus ganz unterschiedlichen Wirbelkörpern wie aus Bandscheiben und vielen Bändern, die zusammen eine wunderbare bewegliche, aber stabile S-Kurve bilden (wie hier in der Röntgenaufnahme einer 18jährigen zu sehen). Die vertikale Funktion der Wirbelsäule sichert der Psoas mit der Lordose der Lendenwirbel und der Rautenmuskel mit der Kyphose im oberen Brustkorb. Rautenmuskel und Psoas sind keine Antagonisten. Beide Muskeln sind starke Wirbelsäulen-Partner und bedingen sich in einer Konterbalance.

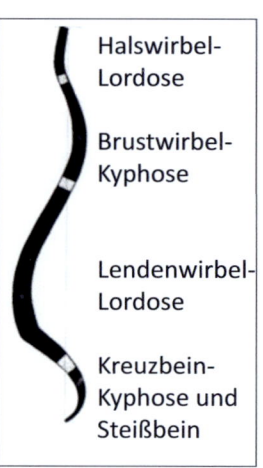

Halswirbel-Lordose

Brustwirbel-Kyphose

Lendenwirbel-Lordose

Kreuzbein-Kyphose und Steißbein

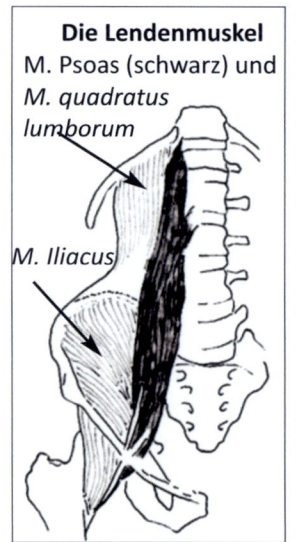

Die Lendenmuskel
M. Psoas (schwarz) und
M. quadratus lumborum

M. Iliacus

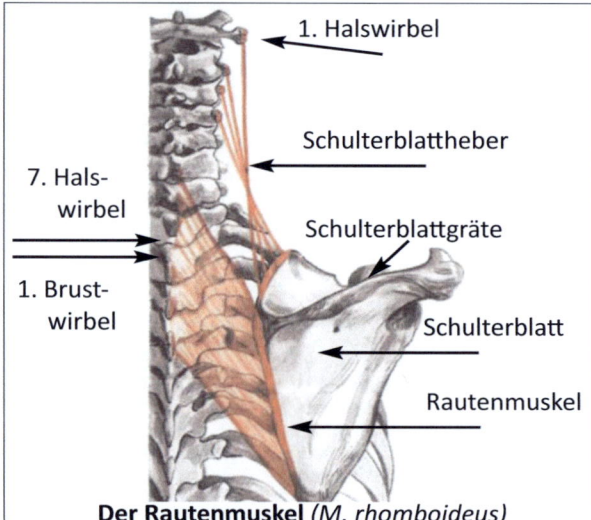

1. Halswirbel

Schulterblattheber

7. Halswirbel

Schulterblattgräte

1. Brustwirbel

Schulterblatt

Rautenmuskel

Der Rautenmuskel *(M. rhomboideus)*

Das bedeutet, ist der Rautenmuskel im Tonus schwach, ist auch der Psoas schwach, eine aufrechte Haltung ist schwierig. Denn antagonistisch verhalten sich dann der zu starke vordere Sägemuskel, der den Schultergürtel vor- und die Schulterblätter auseinander zieht, und die verkürzten hochtonisierten Bauchmuskeln. Eine solche

Haltung wird besonders durch intensive Liegestützübungen aufgebaut.

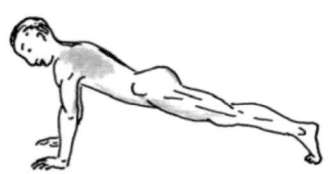

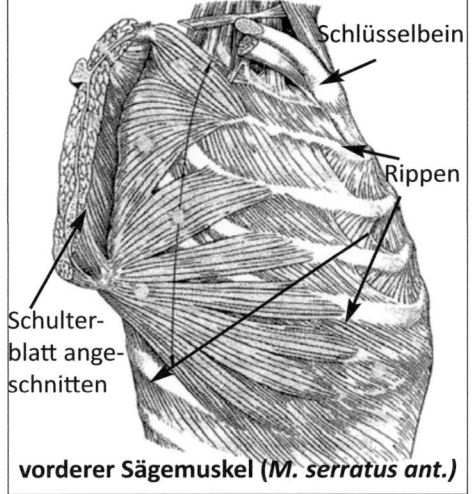

vorderer Sägemuskel (*M. serratus ant.*)

Der vordere Sägemuskel ist der Antagonist des Rautenmuskels. Ursache für Schmerzen im Schulterbereich sind oft Verspannungen und Verklebungen in diesem Muskel. Er reicht von der Mitte der oberen neun Rippen bis zum inneren Rand des Schulterblattes, also nahe der Wirbelsäule.

Damit sich der vordere Sägemuskel entspannt und andere kompetent werden, vor allem der Rautenmuskel, versuchen Sie nun:

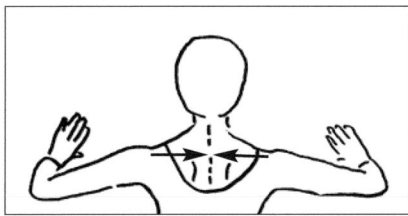

Übung A: Sie stehen aufrecht und heben die Arme in Schulterhöhe. Beugen Sie die Unterarme, die Fingerspitzen zeigen zur Zimmerdecke.

1. Ziehen Sie zunächst einige Male ganz sanft die Arme rückwärts: das geschieht aus den Schultergelenken.

2. Sie bewegen die Arme absichtlich nicht. Ziehen Sie nun die oberen Schulterblattspitzen in Pfeilrichtung durch die Rautenmuskel zusammen. *Beobachten Sie, wie sich die Arme mitbewegen wollen.*

3. Verbinden Sie beide Übungen. Sie ziehen die Arme rückwärts und setzen gleichzeitig bewusst den oberen Rautenmuskel ein. Sie werden feststellen, die Bewegung wird nicht nur leichter, sondern auch umfangreicher.

Merke: Setzen wir unsere Muskeln optimal ein, verhalten sie sich kraftsparend und die Bewegungen fallen leichter aus.

Die Sägemuskeln werden so benannt, weil ihre Ursprünge an die Zacken eines Sägeblattes erinnern. Im Rücken finden sich ein oberer und ein unterer hinterer Sägemuskel *(M. serratus posterior superior* und *M. serratus inferior).*

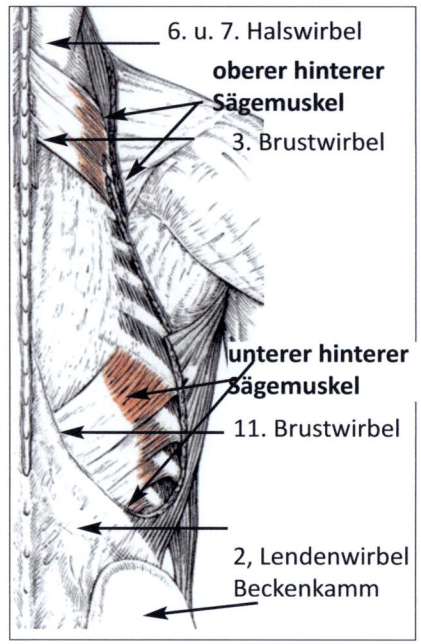

6. u. 7. Halswirbel
oberer hinterer Sägemuskel
3. Brustwirbel
unterer hinterer Sägemuskel
11. Brustwirbel
2, Lendenwirbel
Beckenkamm

Der obere Sägemuskel zieht die Rippen hoch beim Einatmen, oder wenn wir einen krummen Rücken machen und dadurch den Schultergürtel hoch und nach vorne ziehen. Die Rautenmuskeln geben nach, das Schulterblatt schwenkt nach außen.

Hingegen zieht der untere Sägemuskel die Rippen beim Ausatmen oder wenn wir unseren Rücken strecken hinunter, wobei die Taille schlanker wird. Dann sind auch die Rautenmuskeln aktiv, die die Schulterblätter nach innen schwenken.

Wichtig ist festzuhalten, dass die Säge- wie die Rautenmuskeln helfen, die labilen Übergänge der Hals- zu den Brustwirbeln, sowie der Brust- zu den Lendenwirbeln, zu sichern. Natürlich können Sie die Rauten- und Sägemuskeln nicht sehen, aber sehr wohl spüren lernen, und zwar wie folgt:

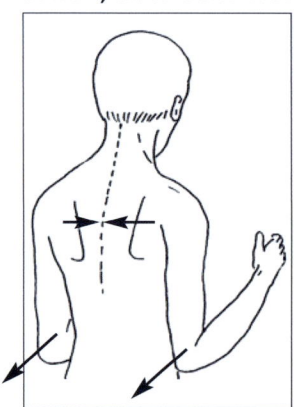

Übung B: Die Arme hängen seitlich herab. Beugen Sie den Unterarm, die Handflächen zeigen zueinander, die Finger sind locker gebogen. Ziehen Sie beide Ellenbogen nach hinten, mehrere Male.
Beachten Sie: Die Armstellung bleibt unverändert, die Unterarme dürfen nicht absinken, sonst dreht sich das Schultergelenk nach vorne und das Schulterblatt schwenkt zur Seite.

Jetzt konzentrieren Sie sich nur auf die Schulterblätter. Ziehen Sie diese durch den unteren Teil der Rautenmuskel zur Wirbelsäule. Die Brustwirbelsäule wird sich strecken, das Brustbein heben! Der vordere Sägemuskel dehnt sich.
Verbinden Sie nun beide Übungen: Ziehen Sie mittels der Oberarmmuskeln die Ellenbogen zurück und mittels der Rautenmuskeln die Schulterblätter zur Wirbelsäule.
Spüren Sie, wie die Bewegung leichter und umfangreicher wird.

Übung C: Die Arme hängen gerade an den Körperseiten herab. Beugen Sie die Hände in den Gelenken so, dass die Fingerspitzen nach vorne zeigen. Versuchen Sie, die Ellenbogen dabei möglichst locker gestreckt zu halten – die gestreckten Arme ziehen Sie auf diese Weise nach hinten (Pfeil).

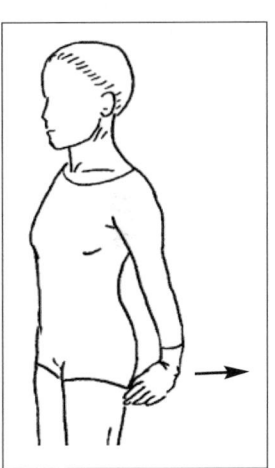

Beachten Sie, dass sich die unteren Rippen der Wirbelsäule nähern und die Taille schlanker wird. Das heisst, die hinteren unteren Sägemuskeln werden aktiv. Machen Sie sich dieses Rückengefühl bewusst.
Aktivieren Sie im Hin und Her einmal den oberen, einmal den unteren Sägemuskel. Der Schultergürtel wird sich abwechselnd runden oder die Taille schlanken. Einige Male im Wechsel nachfühlen.

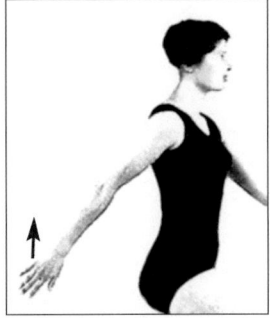

Machen Sie sich Ihre Muskeln weiterhin bewusst.
Ziehen Sie einen gestreckten Arm einige Male rückwärts (die **Handkante** zeigt zur Zimmerdecke), dann den anderen, dann beide zusammen. Spüren Sie, wie sich die Schulterblätter annähern und sich sowohl Rippenkorb als auch Wirbelsäule strecken.
Beim harmonischen Pendelgang während des Gehens müssen wir diese Muskeln einsetzen. Trainieren Sie sich einen lebendigen und kompetenten Rücken an.

Die Rauten- und die unteren hinteren Sägemuskeln einerseits, die paarigen Psoas, Iliacus sowie die viereckigen Lendenmuskel (S. 108) rücken unsere Wirbelsäule mittig, da sie sich im Zentrum der Schwerkraft befinden. Richtig eingesetzt garantieren sie die leichte Aufrichtung und den fließenden aufrechten Gang durch eine schwingende und sich drehende Wirbelsäule. Die Hüftgelenke sind frei und lassen eine lockere Beinbewegung zu.

Leider benutzen die meisten Menschen während des Gehens besagte Muskeln zum bloßen Festhalten, so dass dieser wunderbare Mechanismus – die gegenläufige Drehbewegung der Wirbel zur Harmonisierung unserer vitalen Organprozesse und unserer Balance – ungenutzt bleibt.

Durch den aufrechten Gang sind für den Menschen die rotierenden Bewegungen von äußerster Wichtigkeit für seine Balance und für sein enormes Bewegungsspektrum.

21 Das elementare Muskel-Trio

> Ein Pianist muss zunächst einmal die Noten kennen und wissen, wie er sie spielt. Dann muss er sich mit dem kompositorischen Aufbau der Partitur vertraut machen. Schließlich wird er seine persönliche Interpretation und das Gefühl für das Musikstück suchen und erarbeiten. Dann wird er so lange üben, bis er sich alles sinnlich und körperlich einverleibt hat, um es dann auswendig vortragen zu können. Ein Könner wird das Musikstück möglicherweise oftmals anders, variabler spielen, je nach den Umständen und seinem inneren Befinden.
> Stellen Sie sich vor, Ihr Körper ist ein Musikinstrument, Ihr Geist der Interpret und Sie üben Ihre Bewegungen bewusst, bis Sie Ihre eigene Meisterschaft erreicht haben.

Als junges Mädchen in England, lieh mir meine Arbeitgeberin (sie war in Indien aufgewachsen) ein Buch von einem indischen Yoga-Lehrer. Er beschrieb u. a. darin, dass er jeden einzelnen Muskel seines Körpers stimulieren könne. Das hat mich ungemein beeindruckt. Fortan versuchte ich, meine Muskeln spüren zu lernen und den einen oder anderen für sich zu aktivieren. Heute gelingt es mir meistens.

Sie müssen nicht die Muskeln des Körpers namentlich beherrschen, wenn Sie auch in den Abbildungen und im Text mit den Namen konfrontiert werden. Dies dient lediglich des besseren Verständnisses wegen und zur Unterscheidung, wenn Sie üben. Was Sie sich unbedingt bewusst machen sollten und spüren lernen, ist: Wie es sich anfühlt in Ihrem Körper, wenn Sie konzentriert mit dem einen oder anderen Muskel arbeiten, damit Sie sich leichter steuern lernen.

Die Muskeln kontrollieren sich meist dreidimensional. So verfügen wir über ein ganz elementares Muskeltrio nicht nur für die aufrechte Körperhaltung, sondern für die Balance bei unseren Bewegungen und beim Gehen: Müssen wir nicht ständig auf einem Bein stehen?

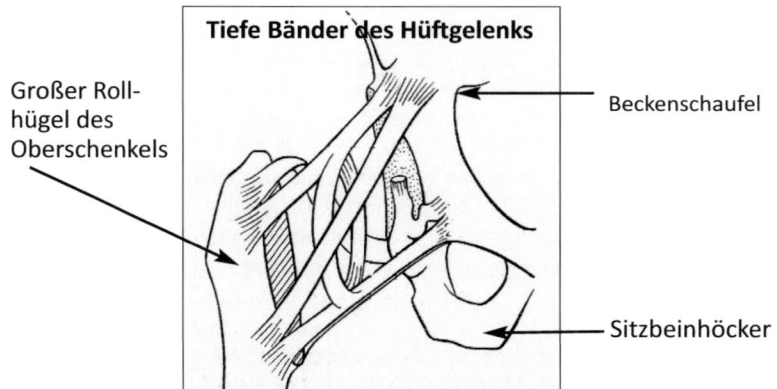

Zunächst betrachten wir die kräftigen Bänder, die unter der Hüftgelenkkapsel liegen, und die bis 500 kg auf Zug und Druck aushalten (Oberschenkelhals und Hüftgelenkkopf sind abgetrennt, damit Sie die Bänderführung besser erkennen können). Die Last des Oberkörpers ist in diesen Bändern aufgehängt, wie in seinen Gurten der Fallschirmspringer. Bei guter und äußerster Streckung der Hüftgelenkmuskeln werden diese Bänder gespannt. Auf diese Weise ersparen Sie den Muskeln viel Kraftarbeit.

Weshalb viele Menschen Probleme mit dem Gehen haben ist, weil sie ihre Hüftstrecker und damit die Bänder nicht ausreichend einsetzen. Außerdem werden alle Bewegungen der unteren Gliedmaßen auch durch die Mitbewegung des Beckens und der mit ihm durch diese Muskeln sehr eng verbundenen Wirbelsäule bestimmt.

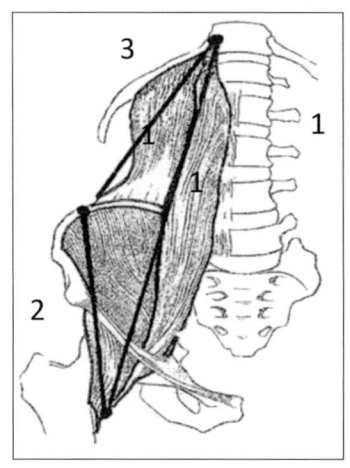

Das elementare Muskeltrio:
Was Sie unbedingt wissen sollten!
Befinden sich die beiden – der Lendenmuskel *(M. psoas)* (1) und der Viereckige Lendenmuskel *(M. quadratus lumborum)* (3) sowie der Darmbeinschaufel-Muskel *(M. Iliacus)* (2) – nicht in bestem Tonus, verursachen sie die berühmten **Rückenschmerzen, unter denen so viele Menschen leiden,** im schlimmsten Fall auch einen Bandscheibenvorfall, degenerative Wirbel- und Nervenprozesse sowie Hüft-

gelenkbeschwerden. Beim Gehen, Laufen und Springen sind diese Muskeln die meist beanspruchten. Sie bestimmen mit dem Schneidermuskel die Schwingungsweite der Schrittlänge.

Durch mangelnde Beweglichkeit, durch viel krummes und schiefes Sitzen wird das Muskeltrio störrisch, unbeweglich. Weil die Lendenmuskeln über verschiedene Muskelzacken verfügen, die an den Fortsätzen der Wirbelkörper ansetzen, zerren sie unterschiedlich an den Wirbelfortsätzen. Einmal fixiert, kommt es zu Kipp- und Drehstellungen einzelner Wirbel, die als Folge austretende periphere Nerven irritieren können.

Man faßt Iliacus und Psoas oftmals in einem Namen zusammen: *Iliopsoas*, weil sie eine gemeinsame Sehnenscheide haben und am inneren Rollhügel *(Trochanter)* ansetzen. Es handelt sich um vielgelenkige Muskeln, und es sind die stärksten Hüftgelenkbeuger.

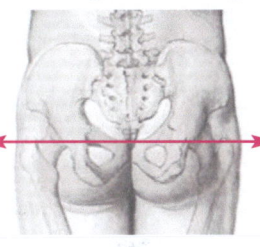

Dabei muss man trotzdem berücksichtigen, dass der Psoas ein Bein- und der Iliacus ein Beckenmuskel ist. Gemeinsam bilden sie eine querlaufende Achse durch beide Hüftgelenke und stabilisieren das Becken in der vertikalen Höhe. Sie ermöglichen das Aufrichten aus der horizontalen Rückenlage.

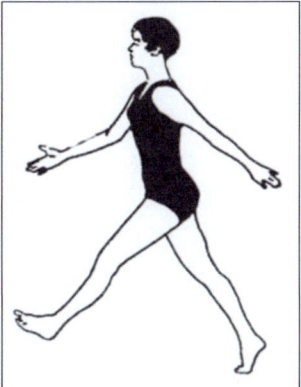 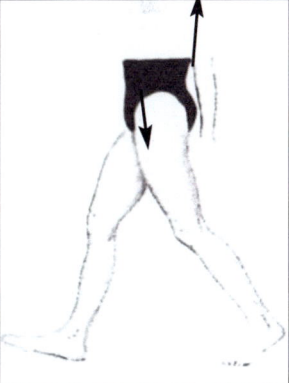

Mit verschiedenen Ursprüngen reicht der Psoas vom 12. Brust- bis zum 5. Lendenwirbel. Da das Bein sehr lang und schwer ist, muss er dessen enorme Hebelkraft aushalten. Der Iliacus hilft das Becken zu stabilisieren und zu bewegen. Er sitzt im Inneren der Darmbeinschaufel und gewährt den dort lagernden Eingeweiden ein weiches Polster. Er setzt nahe dem Psoas am Oberschenkel an.

Beim Vorheben des Beins verlängert er sich, gleichzeitig kontrahiert der Iliopsoas. Beim Zurückführen des Beins verkürzt er sich gleichermaßen, wie sich der Iliopsoas verlängert. Die Leiste wird gedehnt.

Aber so stark diese beiden Muskeln auch sind, sie benötigen noch einen ebenso kompetenten Mitstreiter, das ist der Viereckige Lendenmuskel. Sein Name rührt daher, weil er das Quadrat zwischen der unteren Rippe, der Lendenwirbelsäule und dem Kamm der Beckenschaufel im Rücken besetzt. (Bild S. 114)

Übung:
Halten Sie sich mit der rechten Hand fest, schwingen Sie dabei auf der linken Seite Bein und Arm gegenläufig vor und zurück. *Spüren Sie die Haltearbeit der Standbeinmuskeln und der Kapsel des Hüftgelenks sowie die Streckung der Rumpf- und Rückenmuskeln auf der gleichen Körperseite.*

Wenn Sie dagegen **langsam** *das Schwungbein nach hinten ziehen (bitte bei aufrechter Körperhaltung!), fühlen Sie sehr deutlich die Dehnung in der Leiste (und der unteren Bauchmuskeln), sowie die Kontraktion der Rückenmuskeln über der Beckenschaufel der gleichen Körperseite.*

Sobald Sie aber **langsam** *das Schwungbein nach vorne führen und heben, spüren Sie die Beugung im Hüftgelenk und die Dehnung des Viereckigen Lendenmuskels im Rücken.*

Üben Sie aber auch gleichzeitig mit der Beinschwingung das Gegenpendeln durch den Arm, dann lernen Sie Ihre Balance besser zu halten!

Anschließend üben Sie mit der anderen Körperseite. Wenn Sie das Gefühl haben, sicher auf dem Standbein zu sein, schwingen Sie freihändig, und dies mit einem Bein und beiden Armen zugleich. (S. 115)

22 Wie Gehen geht, die Bausteine zusammenfügen

> Damit das Gehen geht, Ihnen künftig leicht und fließend gelingt, fügen wir nun die einzelnen Bausteine zusammen, die Sie in den vorangegangenen Kapiteln kennengelernt haben. Neugierig und interessiert, mit einem gewissen Fleiß und einer bestimmten Hingabe haben Sie geübt, sich vieles bewusst gemacht, erfahren und mit Ihrem Körper erfühlen gelernt. Das wird Ihnen nun zugute kommen.

Sobald Sie die Balance mit einer schönen Pendelbewegung problemlos beherrschen, verspreche ich Ihnen, werden Sie bald ganz leichtfüßig gehen.

Ich empfehle Ihnen, die vorangegangene Übung ab und zu während des Tages zur Lockerung am Arbeitsplatz, besonders wenn Sie viel sitzen oder stehen müssen. Da der Iliopsoas einen großen Einfluss auf die tiefen Bauch- und Beingefäße hat, tun Sie gleichzeitig viel für Ihre Gefäßhygiene, wie beim ausreichenden Gehen überhaupt.

Alte Bewegungsmuster, die wir nach der Geburt konditioniert haben, bleiben stets stärker als neue, die wir uns heute aneignen. Aber einen gravierenden Unterschied gibt es: Die früheren haben Sie meist unbewusst gelernt, wie das Gehen. Wenn Sie sich heute mit etwas Neuem auseinandersetzen müssen, vollführen Sie dies mit einem anderen Bewusstsein.

Auf der Straße konzentrieren wir uns auf allerlei, werden dabei von uns selbst abgelenkt. Trotzdem fühlen Sie immer einmal ganz bewusst nach: **„Wie gehe ich?"** Ebenso zu Hause, wo Sie nur kleine Schritte ausführen. Mit der Zeit wird Ihnen sogar Ihr sensibles Körpergefühl sagen, wenn Sie wieder in Ihr unvorteilhaftes altes Bewegungsmuster abgerutscht sind. Es fühlt sich einfach nicht so angenehm an. Dann konzentrieren Sie sich, setzen erneut leichtfüßig an, dann klingt Ihr Schritt wieder rhythmischer (S. 17, 18).

Das Gehen besteht aus zwei Phasen: der Schwungphase und der Stoßphase, wobei erstere zeitlich ein wenig kürzer ausfällt als die zweite. Aber wenn Sie rhythmisch gehen, verbindet sich ein Bewegungsablauf mit dem anderen.

Beachten Sie: Sobald sich das Becken nach links dreht, wird das rechte Schwungbein und Hüftgelenk zur Außendrehung veranlaßt. Das Entsprechende gilt für den rechten Arm im Schultergelenk. Er dreht nach innen, wenn die Schulter-Rückenmuskeln den Schultergürtel rückwärts ziehen. (s. S. 115)

Auf die gleiche Weise spannen Muskeln an, wenn jemand sein bevorzugtes Standbein benutzt, beispielsweise links. Oder aber auch, wenn während der Arbeit das Gewicht vermehrt auf die linke Gesäßseite verlagert wird.– Die Rückenmuskeln des rechten Beckenkamms, ebenso die tiefen Bauchmuskeln verkürzen sich und bilden einen Hartspann. Lendenwirbel werden gedreht, gekippt und fixiert. Nicht nur schmerzende Rückenprobleme werden sich anbahnen. Wie schon aufgezählt, auch andere Organe und Nervensteuerungen werden in ihrer feinsinnigen Funktion irritiert.(siehe Beckenachse S. 115)

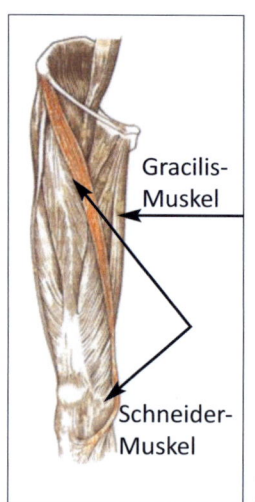

Auch werden die beiden wichtigen Muskeln zum Gehen, der Gracilis-Muskel und der Schneidermuskel, inkompetent (s. S. 85). Der Schneidermuskel *(M. sartorius)* beginnt am vorderen Darmbein des Beckens, windet sich schraubenförmig um die vorderen Schenkelstrecker und übt einen Einfluss auf Hüft- und Kniegelenk aus. Seine Funktion: Beim Vorschwingen des Beins zieht und dreht er am Beckenkamm, in der Stoßphase hilft er bei der Innendrehung des Beins und Unterschenkels. Ferner abduziert er den Oberschenkel in der Außendrehung und rollt den **gebeugten Unterschenkel** im Kniegelenk einwärts. (Seite 68, Figur 1)

Die einzelnen Abfolgen:

1. Sie verlagern Ihr Körpergewicht vom Kopf aus beispielsweise auf das linke Standbein. (s. S. 63)
   Ihr Körper streckt sich und der Fuß des rechten Schwungbeins hebt sich vom Boden ab..

2. Das leicht gebeugte Schwungbein ziehen Sie von der Ferse aus – nun mit gestrecktem Knie und gebeug-

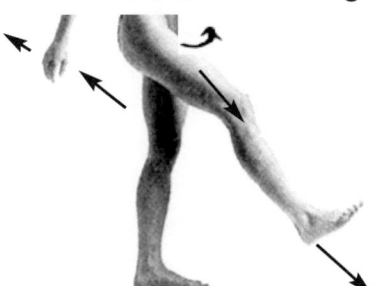

   tem Fuß (siehe S. 70) – nach vorne, **die rechte Beckenschaufel muss sich mitdrehen!** Gleichzeitig ziehen Sie aus der Schulter (in der Gegenbalance) den rechten gestreckten Arm rückwärts. Die Handkante zeigt nach oben.
   Spüren Sie, wie sich die Spannung der Rumpf- und Rückenmuskeln erhöht. Die Balancemuskeln werden aktiviert. Ihr Körpergewicht verlagert sich auf die linke Beckenseite und dessen Standbein. Der linke Arm **pendelt** durch den gedrehten Schultergürtel **von alleine** nach vorne. (s. S. 52 u. 111, 115)

3. Das rechte Bein ist nun „zu kurz", um seinen Fuß mühelos aufzusetzen. (Sie würden links im Knie oder Becken einknicken.) Es gelingt Ihnen aber sofort, **wenn Sie die Ferse des linken Standbeins zum Ballen heben,** bis die Ferse des rechten Schwungbeins aufsetzt (S. 13, 40).

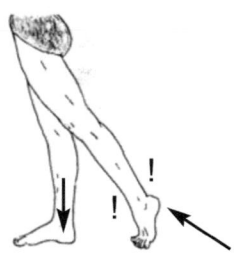

   – Sie „stoßen" sich nach vorne. Dabei verlagern Sie das Gewicht (durch die Beckendrehung) von der linken auf die rechte Standbeinseite. **Gleichzeitig pendeln die Arme durch den Schultergürtel in die Gegenbewegung.**

4. Sobald Sie die Ferse zum Abstoßen heben, **kommt nun auch verstärkt der Gracilis-Muskel** ins Spiel. Er ist der längste Beinmuskel zur Körperachse hin und ein **Innendreher des Unterschenkels** in der Abstoßphase des Gehens. Auf diese Weise wird der Fuß von

der Außenkante auf die ersten drei Zehen gedreht: Der Ballen wird befähigt, uns nach vorne zu stoßen. Durch das gestreckte Kniegelenk des Stoßbeins wirkt sich seine Schubkraft durch den ganzen Körper aus (S. 104).

Das **X** in der Zeichnung deutet auf die größte Drehmöglichkeit der Wirbelsäule hin. Hier sind kleinere Wirbel und kurze Rippen beheimatet. Diese Stelle wirkt sich auf die Funktion des Solarplexus (Sonnengeflechts), der wichtigen Steuerung des vegetativen Nervensystems, und auch der Nierenfunktion aus. Durch das Drehen des Schultergürtels gegen die Beckenbewegung werden, im Übergang von Hals-Brustwirbel, Herz- und Atemfrequenz angeregt, im unteren Becken (aufgrund der Zuammenarbeit der großen Bauchgefäße mit dem starken Muskel-Trio s. S. 114) die Durchblutung.

Vor allem wegen der dargestellten Pendelbewegung hat das Gehen solch einen gesunden Einfluss auf unsere Gesundheit.

Spüren Sie *die vermehrte Arbeit des Sprunggelenks und der starken Achillessehne, wenn Sie die Ferse des Standbeins heben. – Ferner merken Sie, wie das neue Standbein über die Ferse und den äußeren Fußrand, ebenso das äußere Hüftgelenk mit den Gesäßmuskeln, Kraft übernehmen und zum Kopf leiten. – Achten Sie weiterhin auf das Gefühl des Gracilis bei der Arbeit, das Bein nach innen zu drehen, um auf den Fußballen zu kommen. Sie können dies vom Schambein bis zum großen Zeh verfolgen (s. S. 11, 88, 89, 118, 119).*

Merke: *Wenn Ihre Füße beweglich sind und Sie diese richtig einsetzen, erreichen Sie die wunderbare Abrollbewegung gesunder Füße, die leichte und angenehme Schwingung Ihres Körpers einschließlich des Kopfes. – Mit dem Abstoßen des Fußballens aktivieren Sie die Rückenstrecker rechts und links der Brustwirbel. Das Körpergewicht* wird nach oben geleitet, die Gelenke sind von der Last befreit und frei beweglich.

5. Sobald der rechte Fuß das Standbein aktiviert, wird das linke Bein zum Schwungbein wechseln. Die Folge der Arm- und Beinbewegungen wird nun spiegelverkehrt ablaufen.

Merke: Achten Sie unbedingt auf eine gleichmäßige Drehbewegung des Schultergürtels (S. 109-111), denn die geschmeidige Schulterdrehung und deren Muskeleinsatz bringt die Beine in Schwung. Ist der Schulterarmeinsatz einseitig schwach oder ungleichmäßig, bewirkt das ein Hinken. Achten Sie besonders darauf, wenn Sie einseitig Lasten tragen. **Deswegen ist nicht die Armbewegung so bestimmend für die gegenläufige Schulter-Beckendrehung, sondern der Einsatz der Schulter-Rückenmuskeln** (siehe Pfeile auf der S. 120). Diese können Sie auch aktivieren, wenn Ihre Hände mit Lasten besetzt sind.

Vollziehen Sie des Öfteren die erwähnten Bewegungen nach, um Ihren Körper und seine Balancen spüren zu lernen.

Ferner empfehle ich Ihnen darauf zu achten, dass Ihre Füße geschmeidig und beweglich sind. Wiederholen Sie hin und wieder die Übungen des Kapitels „Kompetente Füße" (S. 69)

♥ **Wenn Sie jetzt auch erfahren haben, wie gutes Gehen geht, haben Sie es noch nicht wirklich in Ihrem Körper verinnerlicht. Dazu gehört, sich immer wieder darin zu üben, zu erziehen und die Wahrnehmung zu schulen. Sie werden sich mehr und mehr an Ihren leichten Bewegungen erfreuen, und mit der Zeit werden Sie ein Meister.**

So habe ich es auch gelernt. Nur im Gegensatz zu Ihnen hat es mir niemand erklärt. Ich musste selber suchen. Also haben Sie Mut, nichts ist unmöglich. – Und nun schauen Sie ⟶

Schwungphase
Sie verlagern vom Kopf aus Ihr Gewicht auf ein Standbein, schwingen gleichzeitig das leicht gebeugte und freigewordene Bein nach vorne. Ziehen Sie die Ferse vorwärts – das Knie wird sich dabei strecken, die Beckenschaufel vordrehen – ebenso zieht die gleichseitige Schulter mit ihrem Arm nach hinten. Ihre Balance wird auf diese Weise stabiler.

Stoßphase
Bevor die Ferse nun den Boden berührt, heben Sie die Ferse des Standbeins. Mit dem Ballen des Fußes stoßen Sie sich leicht nach vorne, bis die Ferse des Schwungbeins den Boden berührt (Schub des Körpers wird ausgelöst!) Dabei dreht sich das Becken und das andere Bein wird nun zum Standbein. Gleichzeitig pendelt der Schultergürtel mit dem anderen Arm in die Gegenrichtung.

Achten Sie auf gleichmäßige rhythmische Bewegungen. Die Ferse setzt durch die Arbeit des federnden Sprunggelenks sanft auf. Der Kopf ist aufgerichtet, die Rumpfmuskeln stützen Sie.
Wie auf Wolken gehen bereitet Freude.

Man kann angespannt gehen oder ganz entspannt und locker. Mit der Zeit, wenn Sie sich Ihr Gehen immer wieder bewusst machen, werden Sie in diesen Genuss kommen und überrascht sein, wie viel größer Ihre Ausdauer sein kann, um wie vieles Sie sich wohler fühlen und um wie viel besser Ihre Konzentration wird.

23 Treppen steigen

Fällt es Ihnen schwer, eine Treppe zu benutzen. Oder gehen Sie gerne in die Berge, aber die Knie versagen ihren Dienst? Wenn Sie gelernt haben gut zu gehen, wird Ihnen auch das keine Probleme mehr bereiten. Hier möchte ich Sie nur auf einige Besonderheiten aufmerksam machen.

Wir sind zum Gehen geboren, dazu gehören auch Steigungen wie Treppen oder Höhenunterschiede. Ebenso müssen wir unwegsame Gelände bewältigen können. Ansonsten wird das Leben nicht nur beschwerlich, sondern auch weitgehend uninteressant. Es ist also Ihre Aufgabe, die Gelenke und den Körper pfleglich zu behandeln, respektive zu trainieren, falls er durch Belastungen, Alterung  oder Verletzungen nicht mehr so recht funktionieren möchte. Ein wohlbalancierter Bewegungsorganismus ist der beste Garant für Ihre Gesundheit.

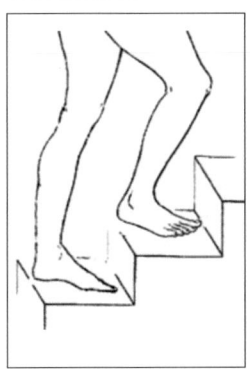

Was wird falsch gemacht? Beim Treppensteigen setzen die meisten den ganzen Fuß flach auf die Stufe, gehen zu aufrecht, zu steil. Sie stemmen sich aus den Knien, den vorderen Oberschenkel- und den Bauchmuskeln nach oben. Dadurch wird Druck auf die Hüftgelenke und Knie ausgeübt. Sie sind sich nicht bewusst, dass Sie über wunderbare Sprunggelenke verfügen (s. Seite 71 und 72)

Schauen wir uns eine vorteilhafte Steigung an: Beim Treppensteigen und Klettern neigen wir unseren Körper aus dem **Hüftgelenk** leicht nach vorne. Je steiler die Steigung, desto stärker die Neigung. Rumpf und Kopf bilden eine gerade Linie (S. 92).

Richtig! Wir setzen den **Fußballen** des Schwungbeins auf, stoßen uns sanft mit der hinteren Ferse nach **vorwärts** und oben. Wir benutzen dazu die Ischiocrualen (S.120) und die starken Gesäßmuskeln. Knie und Hüftgelenke bewegen sich, werden aber nicht durch Druck überlastet (S. 87, 92, 120). **Achten Sie darauf,** dass Sie die Knie nicht nach innen drehen! (s. S. 85) **Sie spüren** vermehrt die Arbeit der äußeren Hüftgelenk- und Gesäßmuskeln.

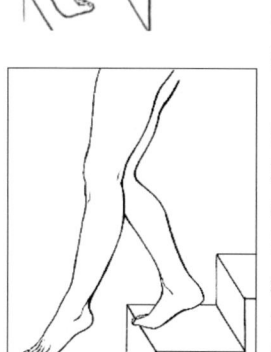

Beim Abwärtssteigen streckt sich der Fuß des Schwungbeins, bis der Ballen die nächste Stufe erreicht. Gleichzeitig beugt sich das Knie des hinteren Beins, die Ferse hebt sich zum Abstoßen. Der Körper ist leicht geneigt, Bauchmuskeln und Beckenboden sind nun aktiv, der Schwerpunkt liegt über dem Stützpunkt.

Achten Sie auf elastische und ausgleichende Kniebeugungen, um das Körpergewicht weich abzufangen, ebenso auf die gegenläufige Schulterbewegung, um Ihre Balance zu stabilisieren. Wenn Sie noch

jünger sind, werden Sie die Treppen „hinauffliegen" können.

Nicht anders werden Sie Steigungen und unebenes Gelände meistern. Sagen Sie nicht, dass Sie zu alt sind. Ich habe ältere Patienten bekehrt. Sie haben wieder Freude daran gefunden, wöchentlich in den Bergen zu wandern, nachdem ihnen schmerzfreies Gehen (nach Verletzungen und aufgrund des Alters) nahezu unmöglich schien.

Bleiben Sie am Ball. Fortschritte werden sich bald zeigen, wenn Sie sich bewusst mit sich auseinandersetzen, sich beobachten und üben. Bald sind Sie Champion. Ich wünschen Ihnen viel Erfolg!

Bildergalerie

1 Gracilis - S. 9

  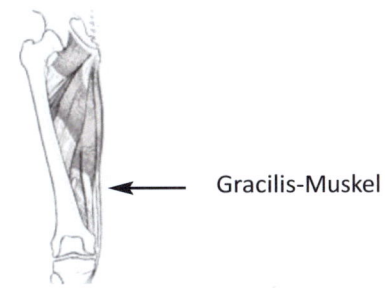

Gracilis-Muskel

2 Lebendiges Gehen - S. 13

3 Ja aber, wie gehen Menschen? - S. 17

4 Zuerst lernten wir, uns aufzurichten - S. 21

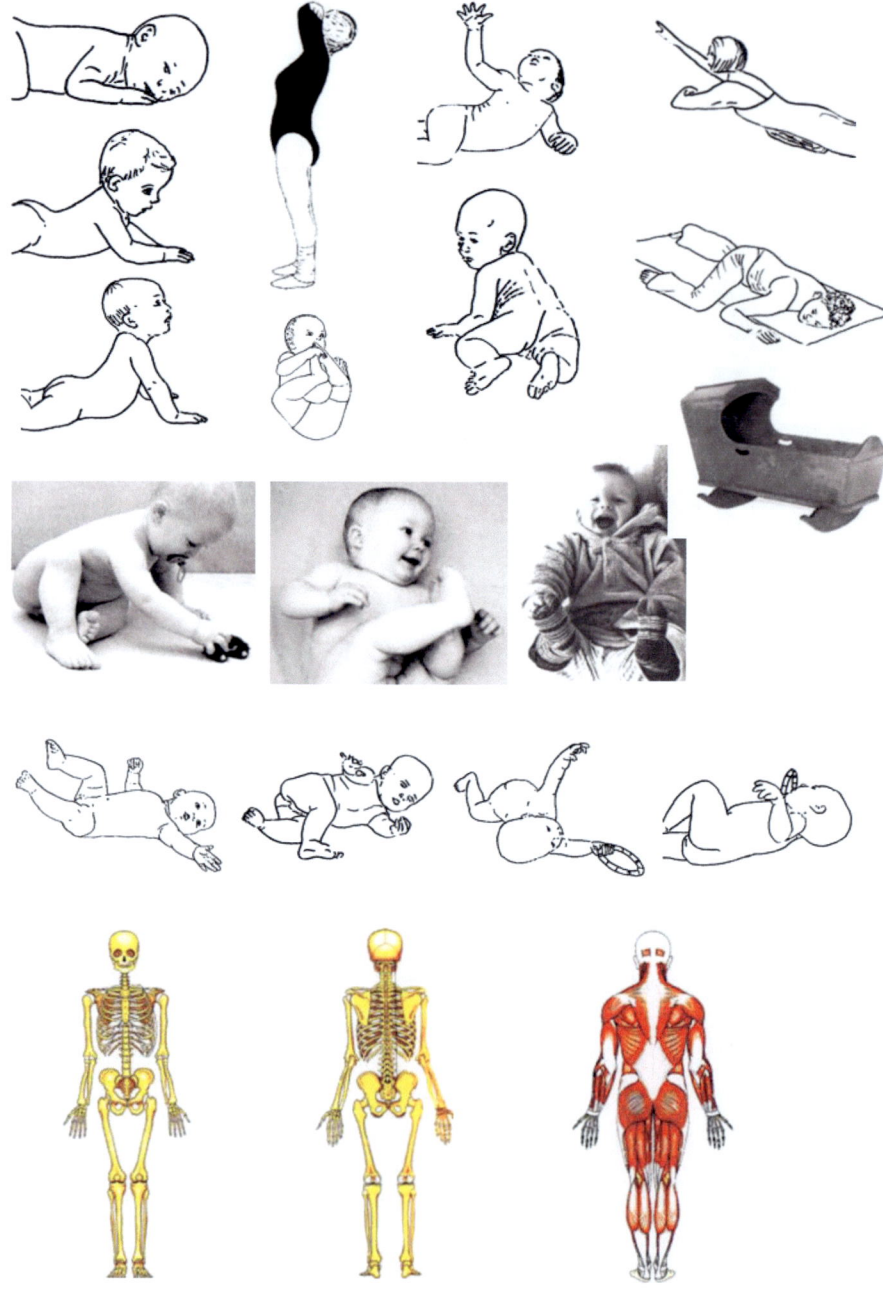

6 Der Spielplatz - S. 31

7 Bewegungsmuffel oder Beweger - S. 35

8 Die Sinne beeinflussen die Körperbalance - S. 41

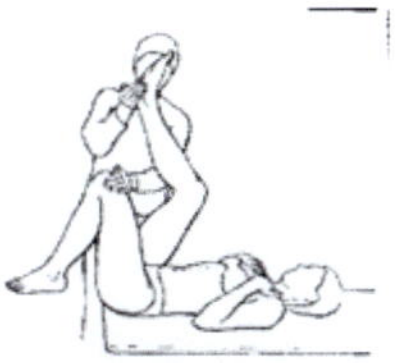

9 Faszination der körperlichen Bewusstheit - S. 45

10 Jetzt geht es los - S. 49

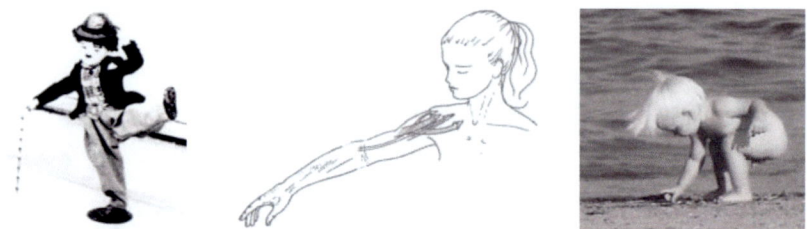

11 Was uns bewegt und hält - S. 53

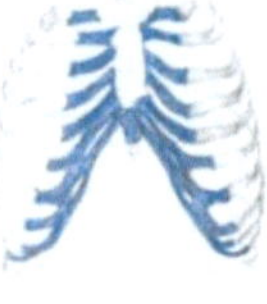

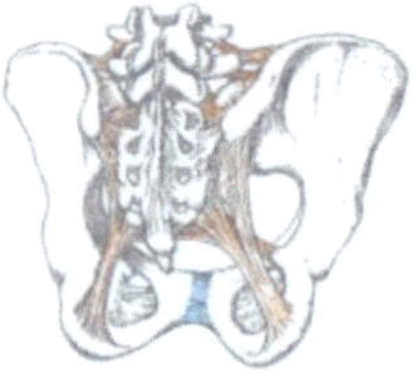

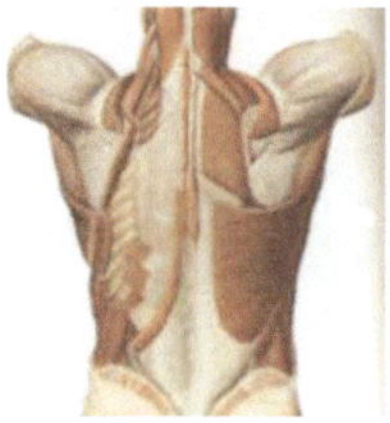

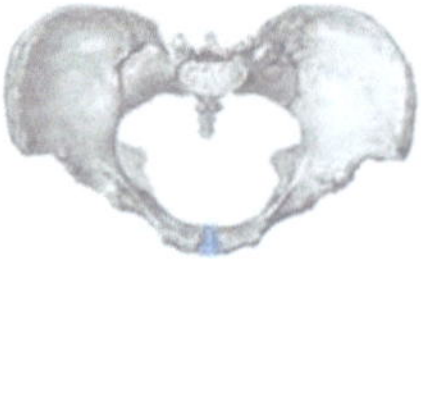

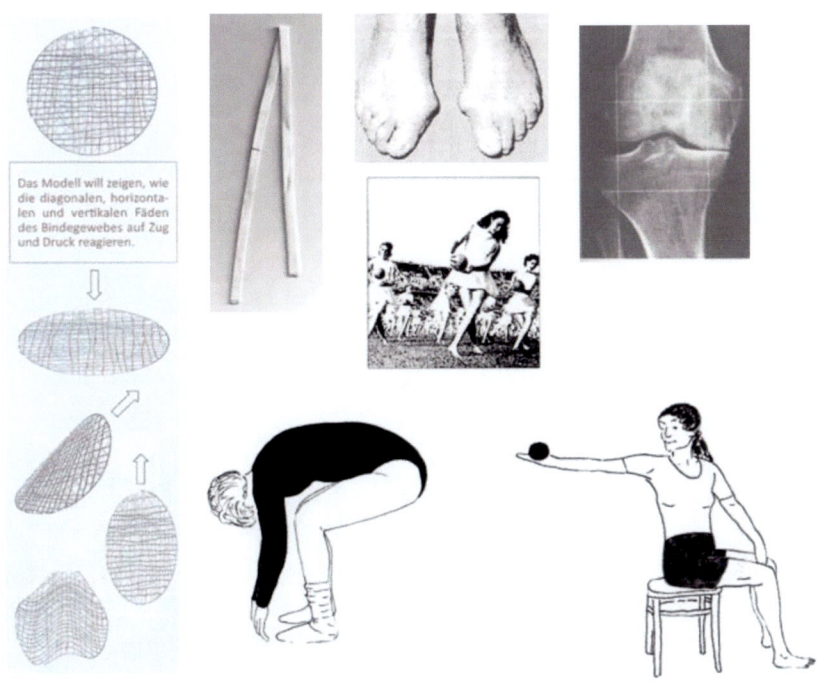

12 Wir trainieren die Mittelachse - S. 61

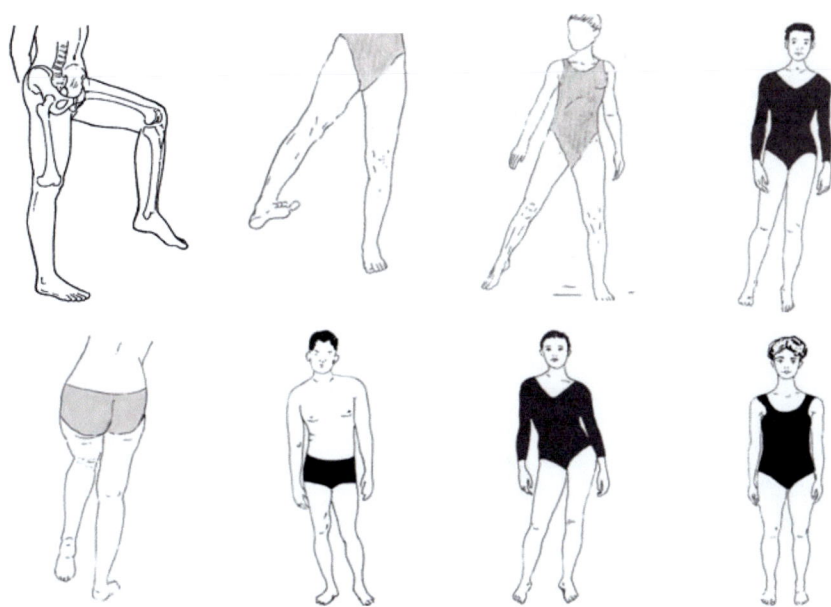

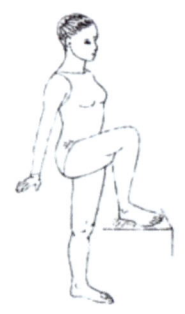

13 Wir befreien die Hüftgelenke - S. 65

14 kompetente Füße - 69

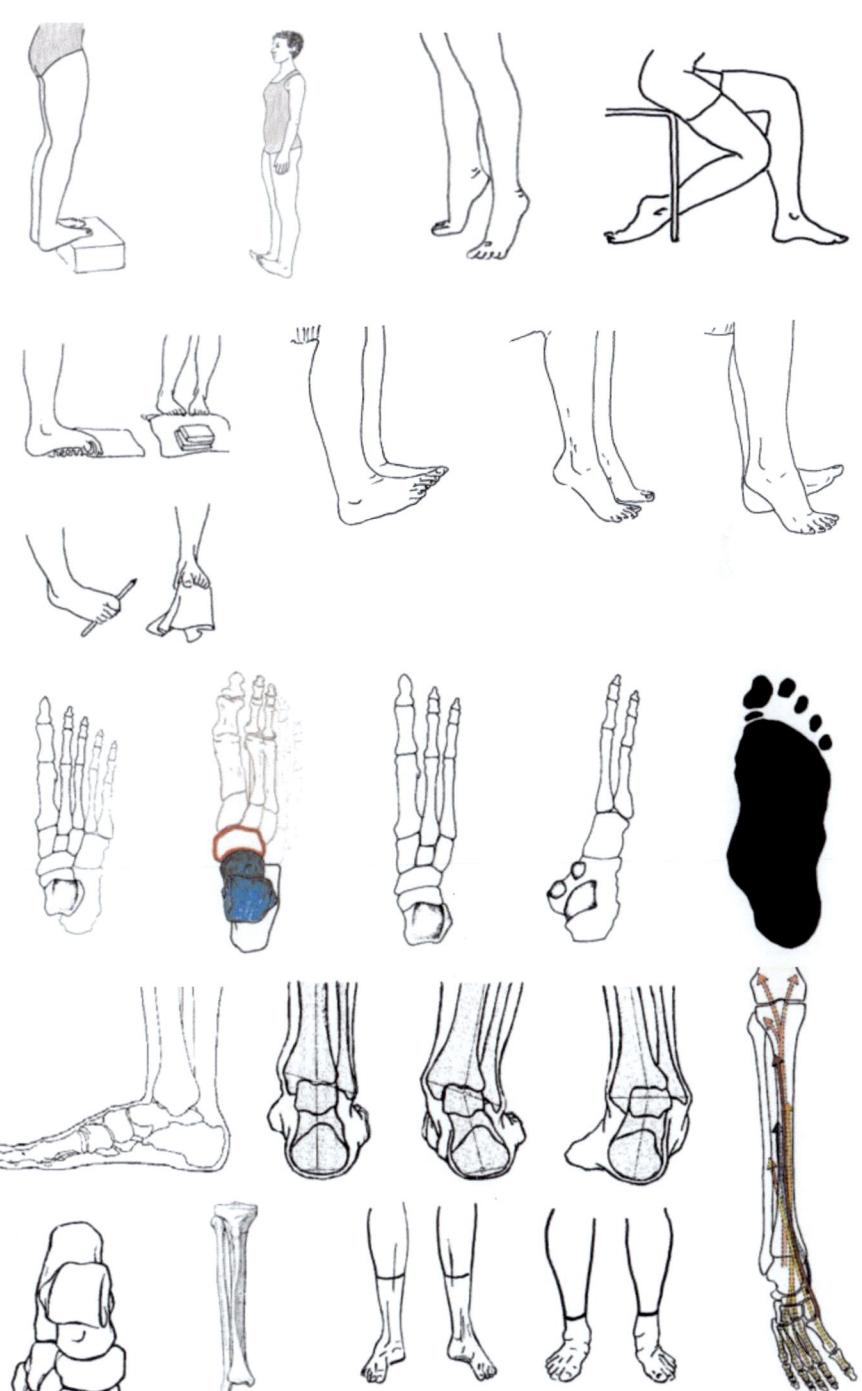

15 Bewegliche Säulen: die Unterschenkel - S. 77

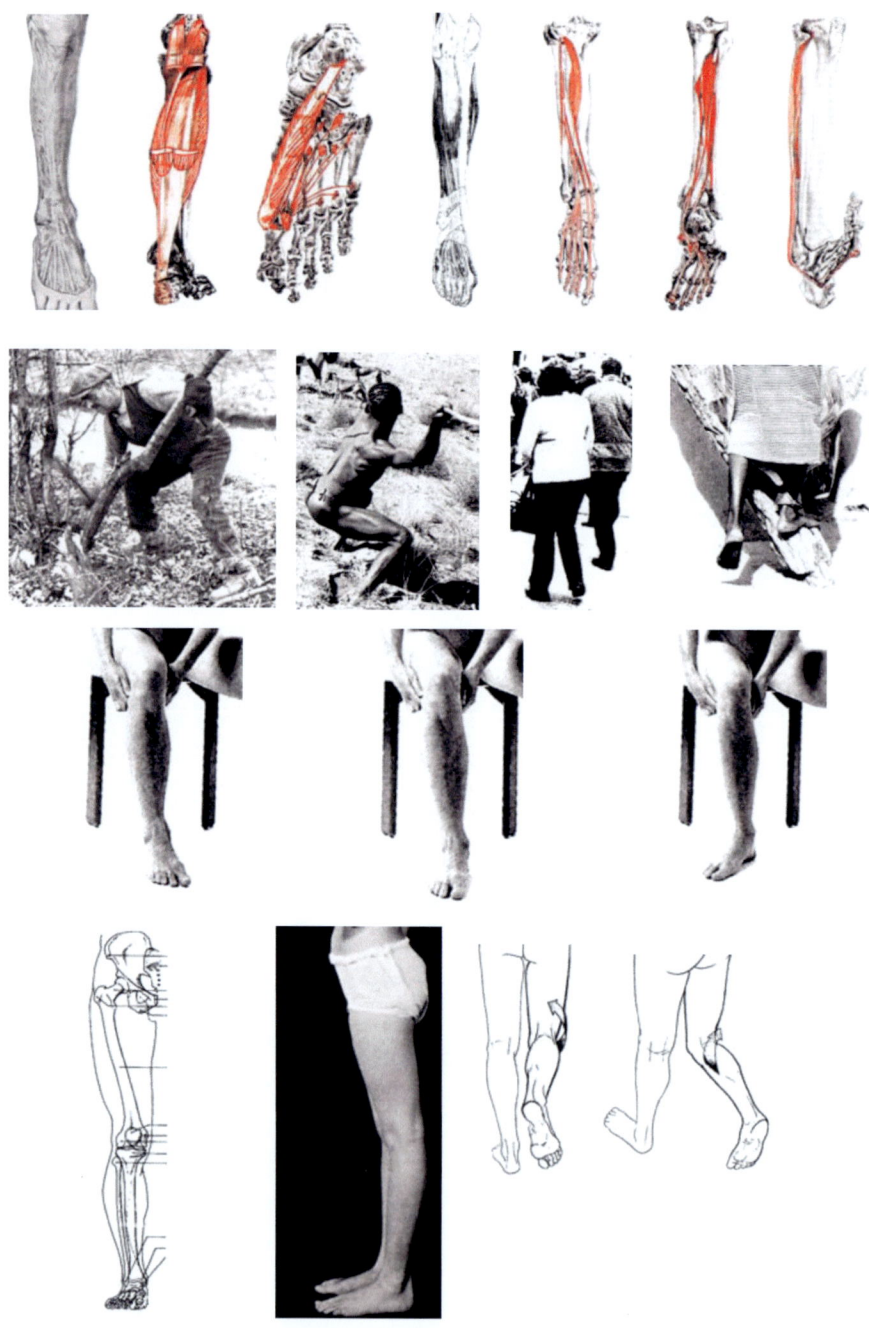

16 Einige Worte zu den Knien - S. 83

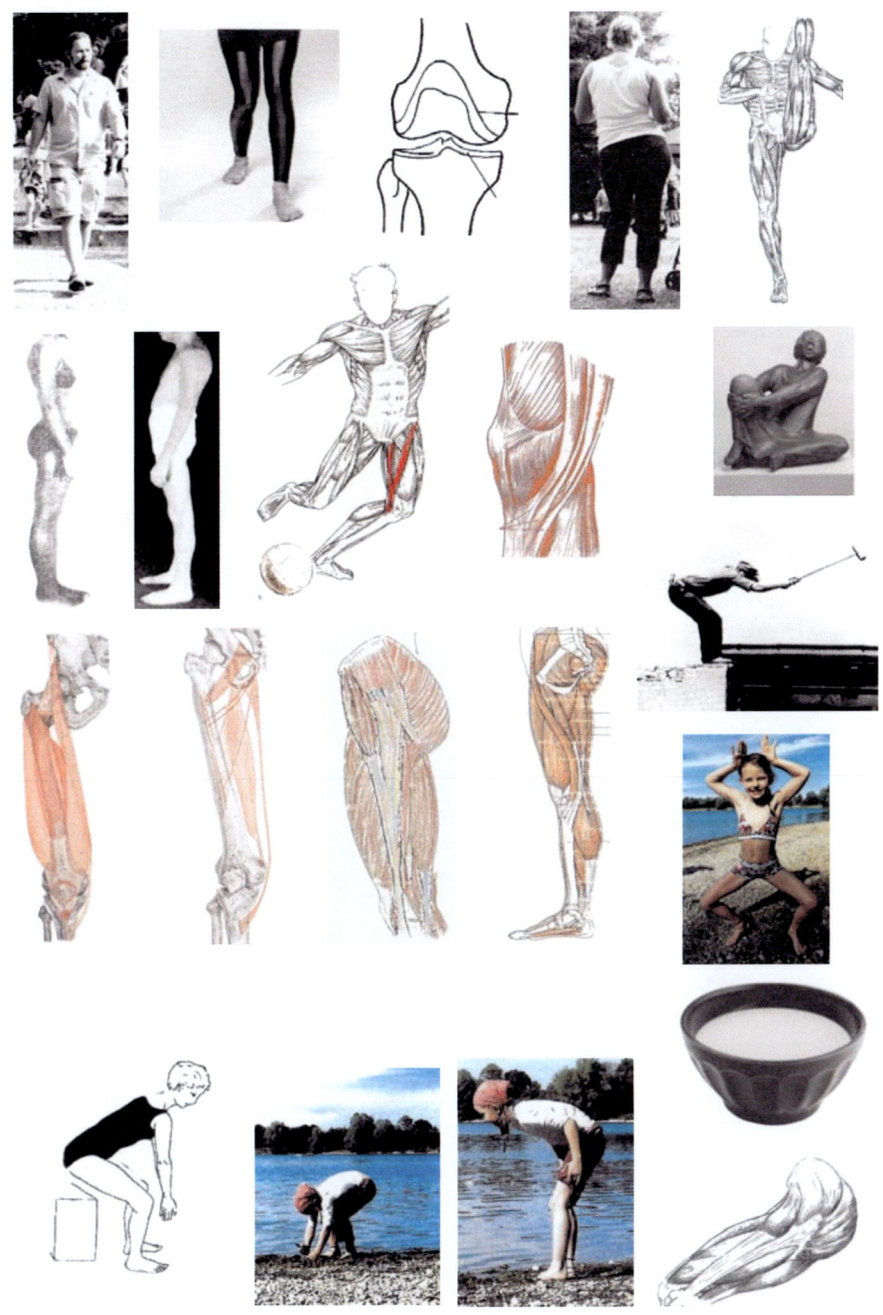

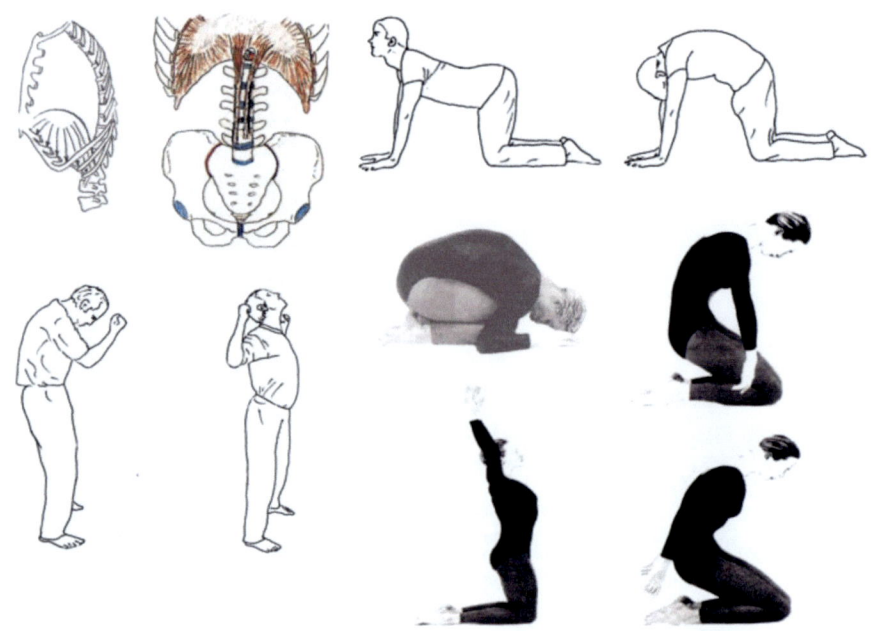

18 Spirale - S. 97

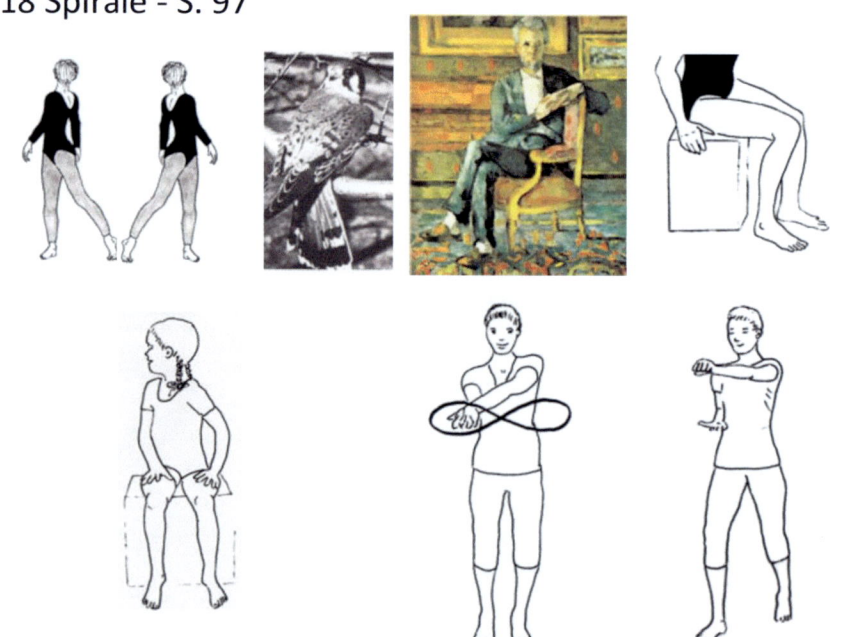

19 Wie auf Wolken gehen - S. 101

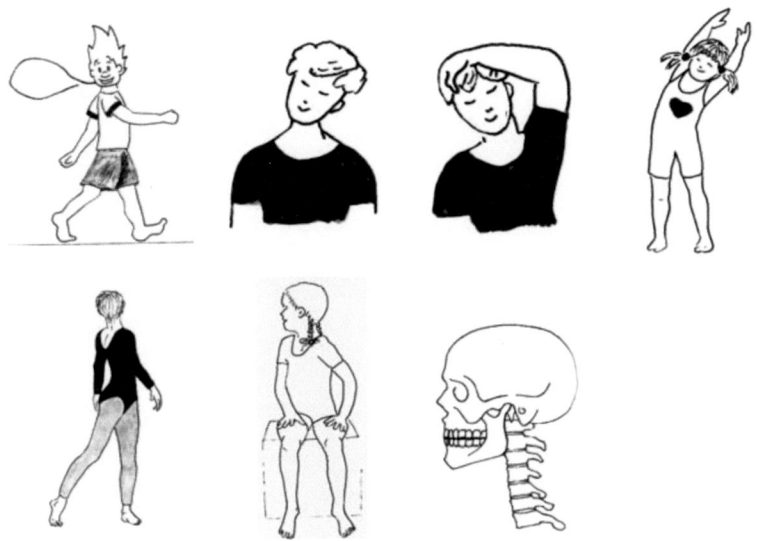

20 Schwung des Schultergürtels - S. 105

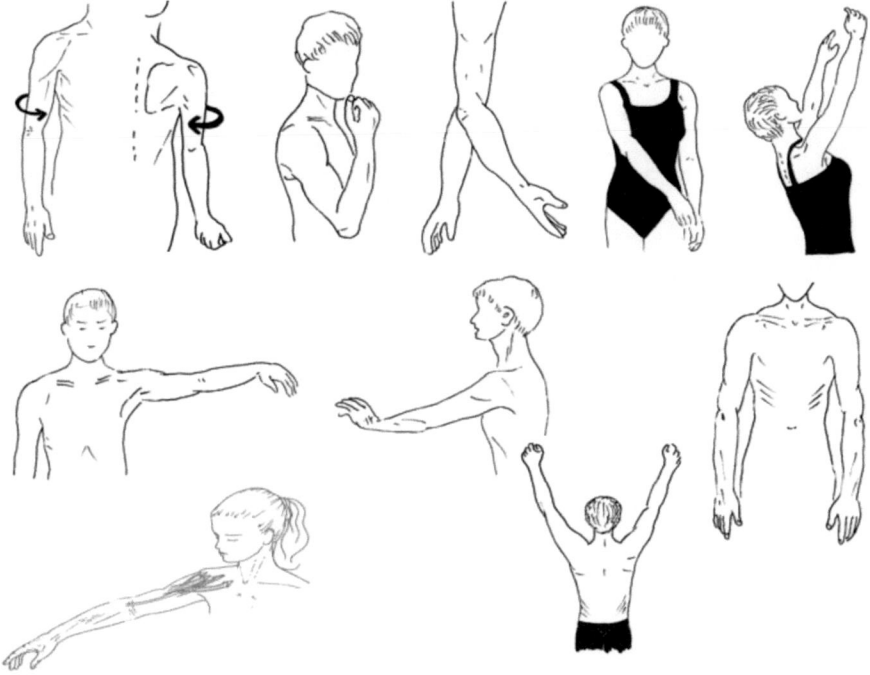

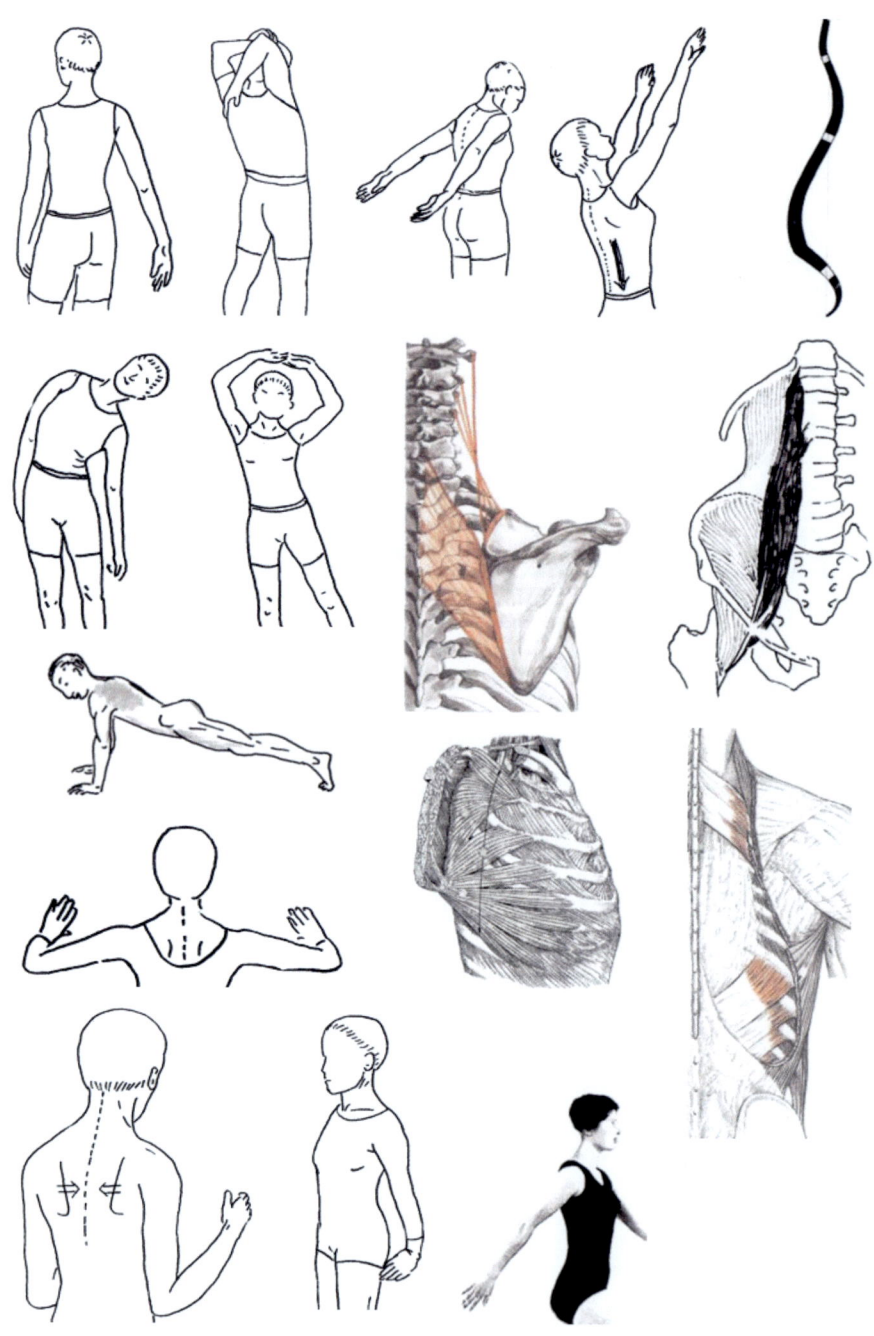

21 Das elementare Muskel-Trio - S. 113

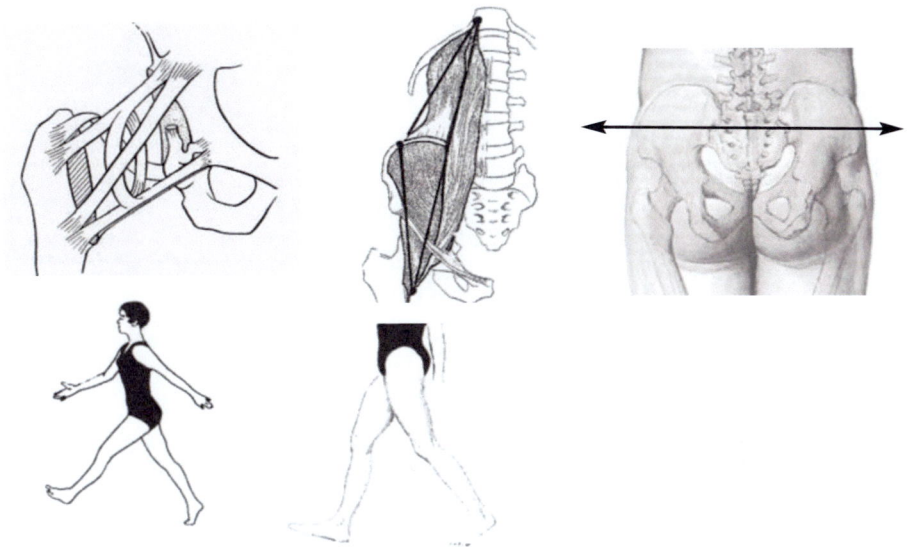

22 Wie Gehen geht, die Bausteine... - S. 117

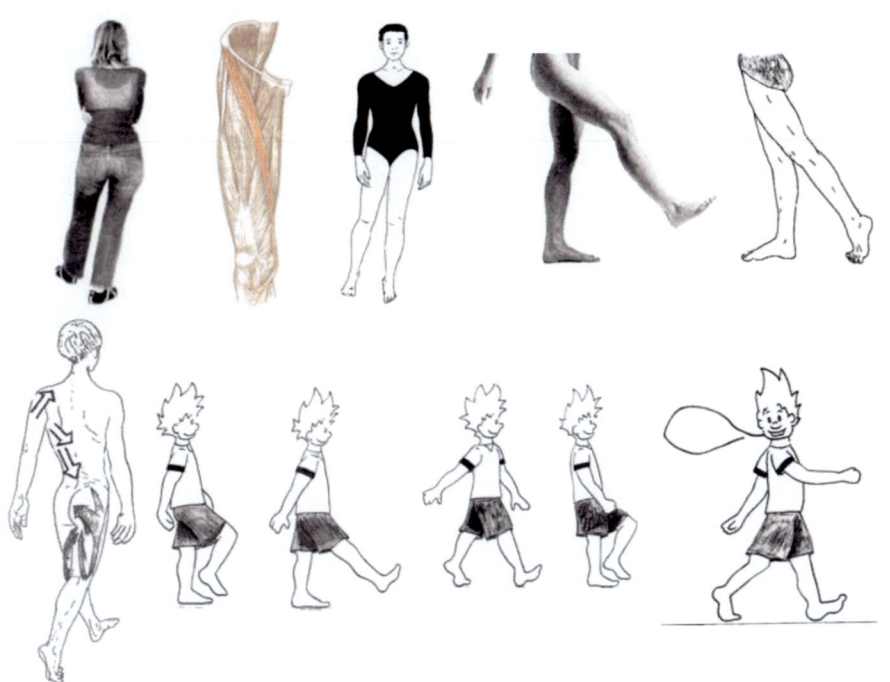

23 Treppen steigen - S. 123

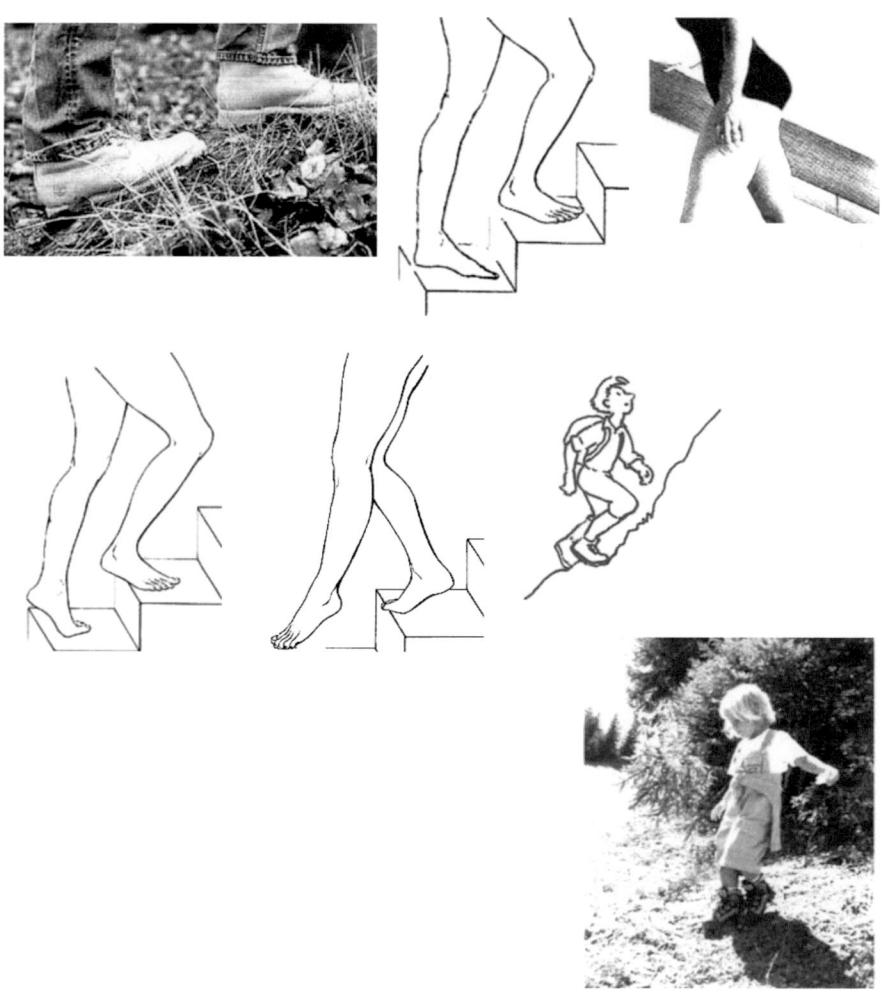

Ina Parsons

Sinn und Sinnlichkeit der Bewegung

172 Seiten, viele Abbildungen, teilweise farbig
Taschenbuch Euro 17.90
ISBN 978-3-7322-0792-3

Als wir sehr klein waren, haben wir gelernt, uns zu bewegen, ganz aus uns selbst heraus. Und das war gut, das war richtig. Aber später, mit den Anforderungen des Lebens, hat uns niemand gezeigt oder erklärt, wie wir uns leichter und schöner bewegen können. So haben sich schon bei vielen Kindern Haltungsfehler manifestiert, die nie korrigiert wurden.

Obwohl alle Menschen durch die Evolution gleiche physiologische Voraussetzungen geerbt haben, existiert doch eine unglaubliche Vielfalt an Bewegungen. Ein Jäger der Steppe bewegt sich anders als einer in unseren Wäldern. Ein Tänzer kennt Balance-Varianten, die sich von denen eines Seemanns unterscheiden. Die feinmotorische Handarbeit eines Uhrmachers wird andersartig sein, als die Handarbeit eines Spezialisten der Computer-Grafik.

Beständig die Sinne verfeinern, die Wahrnehmung vertiefen, die Gelenke entkrampfen, den Muskeltonus und die innere Balance harmonisieren: Dazu soll dieses Buch Vorschläge und Übungen anbieten, die so einfach sind, dass jeder sie überall auf seine Weise ausführen kann. Es handelt sich hier um Alltagsbewegungen, die konditionierte unökonomische Muster aufbrechen sollen, um vollbewusst die schlichteren und somit auch erfolgreicheren Varianten zu erlernen.

Auf diese Weise können wir vielerlei Stress abmildern, sowohl im privaten Bereich als auch in der Arbeit. Wir können einen sinnvolleren Umgang mit Problemen lernen, eine einfühlsame und mitdenkende Kommunikation anstreben. Mit einem beweglichen Körper und Geist können wir besser agieren und folglich stressfrei reagieren.

Fazit: *Vergessen Sie einmal alles, was Sie je über Gymnastik, Rückenmuskelstärkung, sowie Kraft und Ausdauer gehört haben. Lernen Sie über die Sinne, durch die Sinnlichkeit den Sinn Ihrer Bewegungen entdecken.*

Ina Parsons

Warum sollen Knochen wehtun

Das dynamische Bindegewebe,
wie es wirkt, was es leistet, wie wir es gesund erhalten

132 Seiten, zahlreiche farbige Abbildungen
Taschenbuch Euro 24,90 – ISBN 978-3-8448-8209-4

Wie entstehen Schmerzen? Auf welche Weise werden Schäden am menschlichen Organismus verursacht? Bisher wurde kaum untersucht, wie sehr bindegewebige Strukturen, die ihr Gleichgewicht verloren haben, die physiologischen Auslöser für viele Leiden körperlicher wie geistiger Art sind. Das Bindegewebe verbindet nicht nur netzförmig und dreidimensional sämtliche Körperstrukturen und Organe, sondern aktiviert auch das Immunsystem.

Herausforderungen durch die modernen Technologien überwältigen den menschlichen Organismus, dem rasche Anpassung natürlich schwerfällt. Häufig sind chronische Erkrankungen, Arbeitsunfähigkeit, der Verlust der eigenen Vitalität, sowie der Beweglichkeit oder gar des Selbstwertgefühls die Folge. Alarmierend sind die zumeist kosten-intensiven Diagnoseverfahren und aussichtslosen Therapien.

Durch ihre Einführung in die fantastische Welt des Bindegewebes und der Faszien möchte die Autorin, sowohl Laien als auch Therapeuten, die strukturellen und funktionellen Zusammenänge des Bindegewebes nahe bringen. Das Buch soll zum Nachdenken anregen, damit jeder seine Lebenskonzeption zu seinem eigenen Wohlbefinden ändern kann.

Fazit: *Ein Buch, das den körperlichen Übeln auf den Grund geht und Lösungen aufzeigt, denn der gesamte Stoffwechsel durchdringt dieses feine elastische Bindegewebe. Es gibt dem Menschen nicht nur körperlichen, sondern auch seelischen Halt.*

Ina Parsons

Balance und Haltung
2. überarbeitete Auflage

460 Seiten, zahlreiche Abbildungen
Taschenbuch Euro 28,50
ISBN - 978 - 3 - 8391 - 9500 - 0

„Sinn und Sinnlichkeit der Bewegung" kann als Fortsetzung von „Balance und Haltung" betrachtet werden. In ihrem ersten Buch erkundet die erfahrene Therapeutin die Bedeutung der tiefliegenden Bauchmuskeln und des Bindegewebes als wesentliche ganzkörperliche Steuerung der Gesundheit – immer auf der Suche nach der inneren Balance als dem Zentrum des individuellen Lebens.

Ina Parsons vermittelt eine Bewegungs- und Haltungslehre. Sie leitet den interessierten Leser, ob nun Laie oder Therapeut, zu entspannterem Arbeiten, leichteren Bewegungen und zum fließenden aufrechten Gang an.

Ihre Übungen sind klar, präzise, sehr gut eingeleitet, so dass man genau weiß, was zu tun ist und warum. Sie können leicht in den Alltag integriert werden. Wer sich mit diesem Buch auseinandersetzt, gewinnt ein besseres Körperverständnis, schreitet fortan beschwingter durchs Leben.

Gute Bewegungen tun nicht weh!

Faszit: *Ein Gefhl für die eigene Körperbalance finden und leichtfüßig gehen lernen, ohne Gelenk – und Rückenschmerzen – das Buch weist den Weg dahin*

Alle Taschenbücher als e-book erhältlich.
www.ina-parsons.de